嗨，别担心
你可以成为更好的自己

边玉芳 主编

Michelle Skeen, Kelly Skeen

[美]米歇尔·斯基恩　[美]凯利·斯基恩 著

边玉芳　刘昊林 译

湖南教育出版社
·长沙·

著作权所有，请勿擅用本书制作各类出版物，违者必究。

图书在版编目（CIP）数据

你可以成为更好的自己 /（美）米歇尔·斯基恩，（美）凯利·斯基恩著；边玉芳，刘昊林译. —长沙：湖南教育出版社，2024.4
（嗨，别担心）
ISBN 978-7-5539-9863-3

Ⅰ.①你… Ⅱ.①米… ②凯… ③边… ④刘… Ⅲ.①成功心理－青少年读物 Ⅳ.①B848.4-49

中国国家版本馆CIP数据核字（2024）第084491号

JUST AS YOU ARE: A TEEN'S GUIDE TO SELF-ACCEPTANCE AND LASTING SELF-ESTEEM BY MICHELLE SKEEN, PSYD AND KELLY SKEEN

Copyright © 2018 BY MICHELLE SKEEN AND KELLY SKEEN
This edition arranged with NEW HARBINGER PUBLICATIONS through BIG APPLE AGENCY, LABUAN, MALAYSIA.
Simplified Chinese edition copyright: 2024 Hunan Education Publishing House
All rights reserved.

湖南省版权局著作权合同登记章字：18-2023-275号

NI KEYI CHENGWEI GENGHAO DE ZIJI
你可以成为更好的自己

出 版 人：刘新民		策划编辑：陈慧娜	
责任编辑：陈慧娜		特约编辑：崔沛源	
封面设计：凌 瑛			
出版发行：湖南教育出版社（长沙市韶山北路443号）			
电子邮箱：hnjycbs@sina.com		网　　址：www.jiaxiaoclass.com	
微 信 号：家校共育网		客服电话：0731-85486979	
经　　销：全国新华书店			
印　　刷：湖南省众鑫印务有限公司			
开　　本：710 mm×1000 mm　1/16			
印　　张：9.75		字　　数：110 000	
版　　次：2024年4月第1版		印　　次：2024年4月第1次印刷	
书　　号：ISBN 978-7-5539-9863-3			
定　　价：39.80元			

本书若有印刷、装订错误，可向承印厂调换。

译者序

青少年是儿童向成人角色转变的关键过渡阶段，个体在这一阶段会经历生理、认知和社会性等多方面的发展，对于个体价值观的形成和人生的塑造具有重要的意义。在影响个体成长与发展的众多因素中，心理因素以其不易觉察的隐蔽性、易于波动的敏感性，以及能够决定所有外部因素作用于个体的最终形式的重要性，成为需要特别关注的重要方面。然而，近几年我国青少年的心理健康状况不甚乐观，引发全社会的广泛关注。据估计，全世界有 10%~20% 的青少年存在心理健康问题，约 50% 的心理健康问题在青少年时期加剧，若不及时干预，其影响往往会持续到成年阶段。而《中国国民心理健康发展报告（2021—2022）》显示，约 14.8% 的青少年存在不同程度的抑郁风险，其中 4.0% 的青少年属于重度抑郁风险群体；《2022 年国民抑郁症蓝皮书》也显示，抑郁症发病群体呈年轻化趋势，18 岁以下的抑郁症患者占总人数的 30%，50% 的抑郁症患者为在校学生。抑郁以外，焦虑、成瘾、学习困难、情绪障碍、品性障碍、自残自伤、虐待及霸凌等个体的内外化问题，也都会造成严重的心理健康问题及相关后果，需要引起教育行政部门、学校、家长及青少年自身的高度重视。

这几年，我国政府从国家战略的高度来关注学生身心健康问题。

2023年4月,教育部、国家卫生健康委等十七部门联合印发《全面加强和改进新时代学生心理健康工作专项行动计划(2023—2025年)》,特别提出要全方位开展心理健康教育,组织编写大中小学生心理健康读本,扎实推进心理健康教育普及。为切实回应党和国家的号召,关注社会需求,我们一直将儿童青少年的心理健康作为研究的重要议题,这次我们很高兴应湖南教育出版社的邀请,翻译这套引进自美国 New Harbinger Publications 公司的青少年心理自助系列图书(Instant Help),向青少年、家长及教育工作者科普相关主题的心理健康知识,以期支持青少年个性、情感、社会适应能力等方面的发展,最终形成健康的自我、丰富的个性和正向的价值观,为全面加强和改进新时代青少年心理健康工作添砖加瓦。

New Harbinger Publications 自创立以来的40年间一直是普及心理健康知识、推广积极生活方式、促进个体幸福感提升的重镇。该出版公司致力于邀请经验丰富的从业人士撰写基于实证研究和临床验证的书籍,同时也注重简明扼要、易于操作、切实解决读者面临的真实问题。Instant Help Books 是一家专门为儿童青少年以及家长提供心理类自助手册的出版公司,在行业内处于龙头地位,在2007年被 New Harbinger 收购。该品牌已成为认知行为疗法(CBT)"第三次浪潮"的代表,系列书籍使用接受承诺疗法(ACT)、辩证行为疗法(DBT)和正念减压疗法(MBSR),将传统认知行为疗法技术与正念和接受等其他方法相结合,用最先进的理念和手段向青少年传授行之有效的技能,以帮助他们应对来自父母、学校、社会甚至是他们自己的各种困境。截至目前,该系列已出版50多本著作,主题涵盖焦虑、抑郁等心理障碍临床表现，离婚、社交媒体等触发情境及因素，自我关怀、自信等自我探索与发展方面，以及正念、行动思维等帮助提升幸福感、保持身心健康的技能与手段等。该系列图书不仅能够帮助青少年应对危机、健康成长，也得到了家长、咨询师、治疗师、学校教师和辅导员的一致好评与推荐，其中多本手册再版，并被译作各种语言销往世界各地。

我们精心挑选了其中的8本图书引进到国内出版，涵盖目前我国青少年心理健康需要特别关注的8个方面，包括抑郁、焦虑、愤怒等情绪的调节，社交、父母离异等问题的应对，自伤自残现象的处理，自尊与自我价值的确立等。我第一次阅读出版社提供给我的原稿，就特别喜爱，认为对促进我国青少年心理健康是十分有帮助的。

受邀以来，我们遴选多名文字功底好、治学严谨、认真负责的青年教师和研究生承担翻译、校对等工作，最后由我本人对这些翻译稿进行统校。在翻译过程中，我们秉持客观准确反映原作观点的基本原则，致力于提高文本的实用性和可读性，使其真正服务于我国广大青少年，为他们排忧解难；同时，兼顾家长、校长、班主任和辅导员等群体，将本书打造为解决青少年常见心理问题的操作指南。

最后，我要由衷感谢湖南教育出版社以及陈慧娜、姚晶晶、张件元、陈逸昕、胡晓、崔沛源等各位编辑老师，感谢你们的慧眼和信任，让我们有机会翻译这么好的一套书，感谢各位编辑老师事无巨细的翻译指导和高质量编校。同时我要感谢参与本次翻译的各位成员努力与严谨的工作，他们是梁丽婵、刘昊林、蒋柳青、丁振、庄瑞雪、李海燕、黄婉婉、曾毅，正是大家的共同努力才使这么好的一套书能在较短时间内面世。

衷心盼望本书能够成为我国推进青少年心理健康教育的工具书！盼望每一个青少年能以乐观、积极、阳光的心态面对充满希望的人生！

边玉芳

2023 年 12 月 26 日于北京

献给所有曾经感觉自己另类、不够好、没有价值、有缺陷或不完美的青少年

致谢

如果没有马特·麦凯、凯瑟琳·迈耶斯和伊丽莎白·霍利斯·汉森的支持,这本书是不可能完成的。他们从一开始就给予我很大的帮助,帮助我们理解了在消极观念变得根深蒂固、深植于内心之前,消灭它们的重要性。我们还要感谢 New Harbinger 大家庭对这个项目的支持,很多人都在成书的过程中贡献了自己的力量,它是集体智慧的心血和结晶。感谢你们!为你们了不起的工作和成就,也为那段共同度过的愉快经历。

我要感谢我的女儿凯莉同意和我一起写这本书。《青少年沟通技巧》(*Communication Skills for Teens*)是我们共同完成的第一本书,相关的工作在她高中时就开始了,在她大一那年结束。我在写这段话的时候,她的大四学年已经过半,考虑到她在学校紧张的日程安排(包括写一篇相当于一本书的毕业论文),这本书的写作对她而言是一个不小的挑战,但她还是按照承诺完成了。一起写书是一种独特而美妙的体验,很庆幸我们已经这样做了两次,在这个过程中我学到了很多,对此我会永远心存感激。

向那些在大大小小的方面支持我们的朋友表示衷心的感谢,最重要的是,他们愿意接受我们真实的样子。C.S. 路易斯说得很好:"在一个人对另一个人说'什么！你也是？我以为我是唯一一个'的时候，友谊就诞生了。"很高兴有人提醒我们从不孤单。

最后，致我们生命中最重要的三个人——杰克、艾瑞克（以及你对手稿振聋发聩的意见）和凯莉的爸爸——你们就是最好的！

引言

当你自我感觉不好并为此受折磨时,你可能会陷入恶性循环,状况越来越糟,因为你在孤独地承受这些痛苦。你可能会觉得,只有别人理解你,你才能好受一些;但同时你也明白,这需要你展示自己试图隐藏的某个(些)方面。如果你感觉自己不够好、不完美、有缺陷或在某种程度上是个失败者,我们希望你知道,你并不是一个人,我们所有人都受困于自己的某些方面。社交媒体会加重这些负面感受,那些不停向你轰炸的信息告诉你:你需要怎么做、看起来该像什么、应该表现得怎样才能被人接受。它们会让你觉得你需要隐藏自己不完美和(或)不符合当前社会规范的部分,而这本身就是失败的开始。

首先,我们要解释一个贯穿全书的词语——缺陷。我们认为,这个词代表了一个核心的观念,每个人都在一定程度上持有这种观念,就是觉得自己好像有什么不对。这种感觉存在不同的层次——你可能只是感受到一点点,也可能是感受到一些,或者是很强烈的感受。

这并不意味着你的生活中每时每刻都充斥着这种感觉,它可能只出现在某个(些)领域或方面;可能是非常个人的事情,也可能与家庭、学校或社区相关。

在你看来,它可能是每个人都会关注到的明显的东西,也可能是难以察觉的事情。归根结底，这些感觉是一样的——就是自己身上存在的某些东西会让你感到羞耻。

当你认为自己的某个（些）部分是难以被接受的，那么就很可能会感到羞耻。羞耻感的存在会阻止你做真实的自己，阻碍你与他人建立一种深层次的联系。你时常会想象甚至是体验到暴露自己隐藏的方面所带来的后果，因此认为敞开心扉去分享是不可能的。这也很正常，每个人都会有这种感觉。这可能只是你的家庭传承所带来的影响，或者是你从同伴互动或社会期望中学到的东西。无论原因是什么，结果都是一样的：你没有充分地享受生活。

很多人被无价值感和自卑感折磨一生，而这大多始于童年和青春期形成的观念。现在，这本书能够帮助青少年识别并消除这些观念，以免它们在成年之后生根发芽，导致抑郁、成瘾行为和人际交往中的问题。这本书将帮助你了解自己的感受，改变对自己的看法以及他人对自己的影响。

首先，要试着去了解、审视关于自己和他人的一些想法，这些想法是你走向理想生活的拦路虎。洞悉造成这种恶性循环的诱因是消除它的第一步，你要学会通过接纳包括不完美在内的全部自我，从这些缺陷感和扭曲的想法中解放出来。你可以通过确定自己的价值信念来实现这一点，也就是说，确定什么对你来说才是真正重要的，在坚定自己的价值信念后，就不太可能再被别人的意见和批评压倒。

接下来，你会学习到同理心的概念，特别是如何培养自我关怀（指当个体处在困难、挫折、痛苦、失望等不好的情境中时，对自己消极的状态能够保持开放和友善的态度，能够安抚和关心自己的能力）的能力；同时也要推己及人，尝试与他人共情，并接受他们的同情。

最后，你将学到正念。它是自我接纳的重要工具，当自我挫败（指由个人主观心理活动所造成的失败感）的想法被触发时，正念可以帮助你聚焦当下的体验并做出反应，而不是基于过去的失败而做出反应。

掌握了这些技巧，你已经准备好了理解自己的情绪，接纳它们可能带来的不适，并采取行动，向着重要的事情前进。你也会学到有效的沟通技巧，这样就能以一种有意义的方式与其他人建立联系。

所有这些都将使你能够真诚地自我接纳——成为真实的自己——并与他人建立和保持深刻的联系。

contents 目 录

CHAPTER 1 　我真的了解自己吗？　　　　　001

CHAPTER 2 　我为什么会这样做？　　　　　013

CHAPTER 3 　弄清楚什么对自己更重要　　　027

CHAPTER 4 　与自我和他人联结　　　　　　047

CHAPTER 5 　正念与思维模式　　　　　　　065

CHAPTER 6 　我与风暴中的情绪　　　　　　091

CHAPTER 7 　有益的行为和沟通　　　　　　117

CHAPTER 8 　我该如何保持在正轨上？　　　133

参考文献　　　　　　　　　　　　　　　139

CHAPTER 1

我真的了解自己吗?

无论你是 12 岁还是 19 岁，你对自己的看法已经通过你与环境的互动形成了。这里说的环境包括你所接触的一切——社交媒体、家庭、朋友、同龄人、学校、社区、阅读的书籍、观看的电视节目和电影、杂志……它们都以某种形式与你沟通或互动，形成并强化你对自己、他人和周围世界的观念。

如果这些观念在形成之初就导致你在某种程度上觉得自己没有价值，或者比别人差，那么这些判断就有可能变得根深蒂固，以至于最终难以消除。当你在阅读这本书，并完成其中的练习时，你将开始理解和识别对自己的消极观念，尝试对自己宽容一些，并接受自己本来的样子。这本书中的练习将帮助你深入了解自己的经历，让你在面对生活中的坎坷时，变得更加从容、自信和坚韧。

你可能已经初步了解了，每个人对自己的看法都是好坏参半的。你有时会很积极地看待自己，比如很容易交到朋友、有很漂亮的头发、和兄弟姐妹很亲近、成绩优异、擅长运动等；有时也会产生很多不好的看法，而对于这些想法，你有时候会把它们隐藏起来，因为你害怕不被接受或被评判，或两者兼有。你也许会认为，在某些方面你不符合所谓的"标准"，你的身份中可能存在一些你无法控制或不喜欢的方面——例如种族、宗教、家庭、文化、身高、瞳色、体形……当然，生活中还有更多你无法控制的事情，因为父母也掌控着你生活的相当一部分，比如住在哪里，在什么学校读书，可以参加什么活动，不能做什么，可以和谁交朋友等，你对这些事情几乎或根本没有发言权。因此，你很有可能体验到缺乏自信等负面情绪。

本书旨在帮助你意识到一些消极观念（如果没有特殊说明，"消极观念"均指"对自己的消极观念"），这些想法可能会阻碍你追求兴趣、把握机会、全面地探索和分享自己，以及建立有意义的人际关系。此外，本书还会帮助你识别和了解当前的哪些行为可能会加重你的消极观念。首先，你会看到一些阻碍你全面接受自己的观念。想要彻底抹除这些消极观念，第一步就是了解它们产生的原因，然后，学会如何应对那些消极的想法。此外，你将逐步学会运用一些技巧，来帮助自己从那些会加重缺陷感、无价值感、失败感和自信不足感的行为中解脱出来。

对自己的消极观念

不单单是你，每个青少年都在某种程度上受困于不自信和无价值感，这不仅会对自我价值产生影响，还可能会阻碍你接纳同伴，以及你们之间的互动。与大多数人一样，你关心别人对自己的看法，也会花一些时间去和同龄人做比较。社交媒体助长了这种对比倾向，也许会导致你认为自己做得还不够好，至少不像别人看起来那么完美。当这些感受随着时间的推移而被反复强化时，就有可能导致羞耻、抑郁、焦虑和孤立。

我们都与其他人息息相关，只有建立健康的人际关系，我们才能茁壮成长。所以，想被别人接受、害怕被发现不够好或者被排斥都是很正常的。事实上，你也许会竭尽全力避免别人的评价或拒绝，例如：寻求他人的肯定，得不到他人的支持就无法做决定，哪怕是轻微的批评也难以接受，等等。你可能会发现自己很难接受和分享无法控制的部分，或者会认为需要以某种特定的方式才能被他人喜欢和接受，又或者，你会把更多的精力集中在别人身上，从而避免自己成为焦点，进而被发现不足之处。你可能已经开始思考，哪些方面是自认为差的，或者是由于害怕得到不好的反馈而隐藏起来的，甚至你已经意识到，这会阻碍你充分发挥潜力或是建立你所渴望的人际关系。

让我们听听一些青少年的故事，他们分享了自认为不足的方面，以及这些不足之处是如何影响他们的生活。

● 卡梅莱

卡梅莱是高中篮球队的中锋。他训练刻苦，为球队争得了很多荣誉。他在同学之间很受欢迎，但他是一位沉默的战士，寡言少语。他的朋友和同学认为他在耍酷，毕竟，他不需要说太多，只需要想办法赢得比赛，成为一个可靠的队友就好。

现在让我们听听卡梅莱讲述他的经历：

我害怕对任何人说太多，怕别人觉得自己很蠢。我小时候患有口吃，当时我住在另一个城市，父母送我去看了语言治疗师。后来病情慢慢好转，大部分时候我都不再受困扰了；但每当我紧张不安的时候，口吃就卷土重来。我记得自己小时候被嘲笑的经历，简直太痛苦了。就因为害怕被笑话，有一段时间我甚至不愿起床去上学。现在我把自己曾患有口吃这一点藏起来，因为害怕别人会认为我有缺陷，然后排斥我。

卡梅莱作为高中篮球明星的光鲜外表，和他内心中的畏惧形成了鲜明的对比。当他试图与别人建立更深入、更真诚的关系时，他的隐藏往往会给他制造障碍。我们常常害怕别人看到自己某些方面的不完美甚至是缺陷，进而排斥自己。

你呢，你担心别人知道你的缺点会对你不利吗？

● 盖娅

盖娅在社交媒体上是个网红。她在Facebook（脸书，一款社交媒体）上有成千上万的"粉丝"，在Instagram（照片墙，一款社交媒体）和Snapchat（"阅后即焚"，一款照片分享应用）上也有无数的关注者。她漂亮又聪明，大家总是点赞她的帖子。她总是穿着最新潮的衣服，并以有趣的方式进行穿搭，在发布照片时配上巧妙的说明。每个人都想成为她，或者和她做朋友。

下面是盖娅的自述：

> 我每时每刻都绞尽脑汁去想，自己需要做什么才能被喜欢。我精心策划要在社交媒体上发布的内容，很多时候我至少要拍20张自拍照，才能挑出一张足够满意的，之后我还要P图，选择一个合适的滤镜，让我看起来是自己期待的样子。做完上面这些，我又要为想出一个能完美搭配照片的标题而苦恼，我好像一直生活在恐惧中，害怕不被同龄人喜欢。我没有任何真正亲密的朋友，因为我害怕社交媒体上完美的"我"和他们眼中真实的我有很大的不同。

盖娅用心塑造了一个她想要展现给别人的形象。在社交媒体上不断进行攀比降低了她的自我价值感，因为她觉得无论是在社交媒体上还是在现实生活中，自己都需要以一种特定的方式获得喜爱。试图维持这种虚假形象所带来的压力，损害了她与别人建立真诚关系的能力。

你是否也为了得到别人的喜欢，一直在努力表现得更好，而把可能不讨喜的一面隐藏起来？

● 莱拉

莱拉在10岁的时候就开始看精神科医生并服用抗抑郁药物。作为独生子女，她很多时候都是一个人。当她不想和同龄人一起玩，也不去参加她这个年龄的孩子们特有的活动时，她的父母开始担心孩子是不是出现了什么问题。她服用药物后，就变得不那么孤立，也更有兴趣与同龄人一起参与活动。

让我们听听莱拉是如何讲述她的经历的：

> 我已经服用抗抑郁药四年了，我真的觉得这改变了我的生活，也很高兴父母不再需要一直为我担心。我现在有了很多朋友，也忙于参加各种各样的活动；但作为一个需要服药的"疯子"，很多时候我会非常羞愧。我的朋友都不知道我在服用抗抑郁药，事实上，我总是装出一副快乐的样子，朋友们也会认为我乐观向上。但我很担心，如果他们发现我"疯了"，就不想再和我做朋友了。

幸运的是，莱拉的父母和医生能够意识到她得了抑郁症，并给她进行适当的药物治疗，这样她才能过上相对美好的生活。显然，她的病情是她自己无法控制的，但出于对被同龄人排斥的担忧，她隐藏了自己相关的经历。

你有过类似的经历吗？是否有在他人面前隐藏自己的健康状况或其他不为人知的问题？

● 杰夫

杰夫是个好孩子，他有个幸福的家庭。他在学校表现很好，擅长体育运动,也很容易交到朋友,但他总是觉得自己不够好,所以他想方设法去取悦别人,无论什么话题,他总是说别人爱听的话。为了让他人开心,杰夫可以成为任何样子。

让我们听听杰夫怎么说:

我总是害怕因为不够好而受到批评,事实上,我感觉自己很一般。我没有任何所谓的问题,我是个好孩子,在学校表现很好,擅长体育运动,长得也不错。但我一直觉得自己需要与众不同才能从人群中脱颖而出,所以从小时候开始,我就会跟别人说我认为他们想听的话。这似乎很奏效,人们很喜欢我,想要在我身边,因为我让他们感觉良好。现在我甚至不知道自己是谁,因为我一直在撒谎让别人开心,不让他们注意到我其实没什么特别的。

杰夫忙着取悦周围的人,来让他们分心,从而不会注意到他像他自己感觉的一样普通。久而久之,他的习惯性行为使他迷失了自我。他没有与任何人建立真诚的联系,因为他不想让任何人发现真实的自己。

你是否发现自己试图取悦他人,从而让他们喜欢你或让自己避免被批评?取悦别人是否会导致你迷失自我或意识不到自己真正关心的人或事?

佩尼娜

佩尼娜从很小就知道，为了让父母开心，她需要在学校取得好成绩，所有功课必须全优（A）才可以，她的父母明确说过，B是可耻的。她父母的成就都很高，佩尼娜去了父母小时候上的小学。尽管她没能靠自己的努力拿到全A的成绩，她还是被一所学业竞争激烈的中学录取了。在中学，佩尼娜几乎每刻都会承受巨大的压力，功课很难，她拼命想取得父母所期待的完美成绩。因此，当她的成绩不理想时，她就会感到失败和羞愧。佩尼娜也害怕她的朋友会认为，她能出现在这所中学的唯一原因是她父母利用了他们的影响力。

让我们听听佩尼娜是怎么说的：

> 我父母很聪明也非常成功。我肯定他们对我很失望。我就读的这所学校学术氛围很浓厚，我有些无法融入，我每天都很努力，但仍然很挣扎。在我的同学和朋友们面前，我表现得好像一切正常。但我在成绩上撒了谎，因为我不想让任何人知道我是所有"A"学生中的"B"。在这所学校，仅仅高于平均水平是不够的，你必须是优秀的。每天放学后父母都花钱请家教来辅导我。当朋友们问我放学后在干吗时，我不会告诉他们我在补课，这样他们就不会认为我很蠢了。

佩尼娜试图取悦她的父母，并赶上同学们的成绩，这让她觉得自己需要隐藏不具备与父母和同学同等学业能力的事实，因此她感到自己不够格、没有价值。

你是否也常常被拿来和他人比较？

你能感受到卡梅莱、盖娅、莱拉、杰夫和佩尼娜所经历的挣扎吗？无论你是从父母、同学、朋友或兄弟姐妹那里，还是从其他什么地方听说的——很明显，在这个竞争激烈的世界，你必须比其他人做得更好才可能成功。压力是无穷无尽的，在你开始思考如何与其他人竞争时，痛苦就已经产生了，进而你就会觉得自己存在很多问题，从而产生诸如不自信、不够格、没有价值等消极的观念。我们的消极观念很多都来自同他人的比较，它让我们难以聚焦于自身的强项、兴趣和价值，从而让你自我感觉很糟。当我们对自己不满意时，生活的方方面面都会受到影响。

在你生命中的这个阶段，友谊变得越来越重要。但如果你觉得自己不够好，就很难做好那些对形成和维系友情至关重要的事情，比如，与他人接触，真实地分享自己，坚定自己的需求和期望。如果你认为自己满是缺点甚至不值得被爱，你可能会更希望被拒绝，这会让你痛苦沮丧，也更容易受欺负。你可能认为，如果你不以某种特定方式行事，你关心的人就会排斥甚至离开你；你也会担心，如果你不把别人的需求放在自己之前，就会被批评，从而感觉更糟。如果你认为自己注定会失败，那么也就不会在学业和课外活动（如音乐、艺术、运动）中精益求精。现在，我们希望你看到自己倾向于在别人面前隐藏的那一面。

试试这样做！

在卡梅莱、盖娅、莱拉、杰夫和佩尼娜的故事中，他们尝试去分析，是因为担心别人认为自己不够优秀、不值得或有缺陷，才会隐藏自己的某些方面。在你的日记中，讲讲你自己隐藏的那一部分吧。

去讲述那些你害怕暴露出来的部分是什么感觉？很可能你一想到要把它写出来就已经感觉到焦虑了，把这种感受也一并写在日记中吧。

> 从小到大，人们总说我是精力充沛、健谈和善于交际的人。是的，我确实喜欢玩乐、大声说话、讲故事，等等。听起来好像我在自吹自擂，但我小时候确实常常是"派对的主角"。我喜欢自己的这一部分，但直到我长大，我才意识到这并不是我的全部。有时我精力充沛，健谈，善于交际；但有时我更喜欢后退一步，去安静地倾听，让别人掌控局面。而直到最近，我才允许自己这样做。有一段时间，我一直保持精力充沛和健谈的样子，因为我感觉人们喜欢我这样，如果我不是这么一个人，我的朋友还会喜欢我吗？我害怕如果自己再害羞或矜持一点，就会不再有趣。最终，我开始觉察到自己行为的不妥当，因为它让我筋疲力尽，对自己来说也

不真实。现在,我不需要再戴着面具,我感觉自己变成了更自然、更全面的人。

凯莉

写在最后

在本章中,我们让你意识到你是如何看待自己的,以及这些想法是如何形成的。我们消极和扭曲的观念并不会使自我感觉良好,事实上,它们在一些情况下会使我们相当痛苦,在某些人身边或是特定场景中时,可能会感觉更糟。你也可能会尝试通过一些行为来帮助自己应对这种越来越不舒服的感觉。在下一章中,我们将探讨那些会让你自我感觉变糟的人和情况,这样你就可以开始走上自我接纳的道路,甚至开始欣赏自己,最终成为真实的自己。

CHAPTER 2
我为什么会这样做?

当我们感到不适——出现消极的想法、痛苦的情绪和身体上不舒服的感觉时,我们自己能感知得到。为了摆脱这种痛苦的体验,我们会去尝试几乎所有做法。在小时候,你也许会学着其他家庭成员的样子去处理不良情绪——例如,像妈妈一样沉默不语,像爸爸一样大喊大叫,或者像兄弟姐妹一样自我隔绝。随着时间的推移,你会形成自己的行为反应,并且,伴随反应的次数的增加,这些行为会变得下意识。这种"根深蒂固"的反应,让你很难意识到。每次你回到同样的环境,与同一个人或同一群人在一起,这种行为模式就会被触发(如果没有特殊说明,"触发"均指"触发消极观念""消极观念被触发"),一系列痛苦重现——你被消极的想法、情绪和身体上的不舒服淹没,然后,你也会以同样或类似的行为模式来减轻痛苦。

确实,这些行为反应通常会让我们在短期内感觉好一点,但是,这不是一个好的长期解决方案,反而会给你的人际关系或是生活的其他方面带来更多的问题。既然这些与特定情况、环境、人物和事件相关的痛苦会触发那些负面的感受,那么如何才能摆脱这种痛苦呢?

在本章中，我们将把你关于自己不值得、不合适和不完美的感觉与你在遇到触发事件时为了让自己感觉更好而采取的自动应对行为联系起来。识别这些行为是为了让你最终能对自己的感觉更好。因为目前来看，很有可能是这些行为，让你离你所在意的人或事以及理想中你看待自己的方式越来越远。

了解你的想法

首先，你需要对自己友好一些。我们很容易为自己的消极想法和负面情绪感到自责。但事实上，你对自己想法的控制力比你想象中的要弱，这既是好消息，也是坏消息。我们的大脑是不停制造忧虑的机器，它时刻警惕着任何可能威胁到我们生存的事情；同时，它也是一个问题解决者，永远不停地发现问题，而当它找不到问题时，就会自己编造一个。但你的思维的出发点是好的，它只是想保护你。在你对它的工作机制有更多的了解之后，就能更好地改变触发情境下无益甚至会让情况变得更糟的行为模式。

● 你如何应对威胁

当你落入陷阱或受到触发因素（本章将详细介绍）影响时，你会自动地做出反应——这种反应似乎是你生活中必不可少的存在。你不需要为这种反应感到难过——这就是我们的本能。一遇到威胁，我们就会做出诸如"战斗""逃跑"或"停滞"的反应。你的反应在情感上比成年人的更强烈,因为青少年的情感很大程度上由杏仁核(大脑负责情感的部分)控制,而这一时期大脑负责理性的部分(前额叶皮质)仍在发育中。杏仁核扮演着重要的角色:它在很大程度上对人类的生存负责。在原始时代,我们的祖先经常面临生命危险——如果被部落排斥就可能会被饿死或被捕食者吃掉。所以,下意识做出的反应通常会伴随着强烈的情绪。这是因为杏仁核没有收到这样的"信息":在如今大多数情况下,当我们感知到威胁时,已经不再需要像面对生死攸关的情形一样做出反应。

● 识别陷阱和诱因

现在,我们将详细探讨那些与你的消极观念相关的陷阱和诱因。通过识别什么情况会触发消极观念并导致无益行为,你能够将它对生活的影响降到最低,这种探索也是帮助你摆脱会强化消极观念的行为的第一步。

在上一章中,我们读到了一些包含不同经历的故事,这些经历可能导致个人感到自卑、无价值、不够好或有缺陷。你发现了使自己感觉糟糕和(或)想要向他人隐瞒的部分。现在,希望你能够确定生活中最容易诱发你产生特定想法和行为的场景(我们也称之为领域)。

> **试试这样做！**

在以下生活领域中，找出你认为最具挑战性的一个（或多个）——即最容易触发你的消极观念的领域，并在这些领域的旁边标记"×"。你可能会发现自己在某些领域更容易被触发特定的行为模式，也有可能感觉生活的方方面面都不如意。这些选项没有正误之分，不管你标记了几个领域，解决方案都是相同的。

领域

_____ 家庭

_____ 朋友

_____ 学校

_____ 工作

_____ 社区

_____ 运动或其他活动

_____ 健康或外貌

_____ 社交媒体

在青少年阶段，你的注意力很可能集中在几个特定的领域，正如之前已经提到的，青少年时期的友情优先于其他关系，所以你可能会发现自己主要关注和朋友相关的领域。

再次提醒，这些选项没有正误之分，只是帮助你发现并探索那些负面想法与生活的特定领域之间的关系。

在确定让你感到不自在的领域之后，你的感觉如何？你是不是发现自己可能一直在回避的某一个或几个领域？

试试这样做！

还记得第 1 章中的练习吗？你有没有发现被自己隐藏起来的一面？现在把你在练习中发现的自己隐藏的那部分写在对应领域一栏中。

家庭：_____

_____

朋友：_____

_____

学校：_____

_____

工作：_____

_____

社区：_____

_____

运动或其他活动：_____

_____

健康或外貌：_____

_____

社交媒体：_____

_____

对这些带来消极观念的领域有了进一步的认识后，感觉如何？把那些消极观念同生活中的特定领域联系起来有什么感觉？你开始明白它是如何影响自己的生活了吗？

还记得第1章中的佩尼娜吗？让我们简单回顾一下：她对自己的不满意主要在于学校表现。让我们看看佩尼娜是如何完成这个练习的：

家庭：如果我拿不到"A"，父母就不会那么爱我了。

朋友：如果我达不到和朋友们一样的水平，就没办法融入他们。

学校：我没那么聪明，不配在现在的学校读书。

运动或其他活动：我希望自己能花更多的时间跳芭蕾，但我也很想取得更好的成绩，所以我必须把所有时间都用来学习。

这个练习的重点是不断深入探究你的消极观念存在于哪些方面以及是如何被唤醒的。你掌握的信息越多，就越能有效地选择新的行为模式，从而接受真实的自己。

作为触发因素的人

现在来想想，哪些人更容易让你觉得自己不够好、有缺陷、没有价值？你也许会将他们与批评和排斥相联系。

难以捉摸的：这种人前后不一，难以自洽。他/她有时候会站在你这边，有时候则站在你的对立面上。

不稳定的：这种人的行为没有规律可循，也不会对你做出承诺。

难以依赖的：这种人永远不会在你需要他/她的时候出现，他/她不回短信，把你晾在一边。

形同陌路的：这种人不会和你产生任何联系。

过于克制的：这种人会拒绝为你提供情绪价值。

吹毛求疵的：这种人很容易发现并指出你的缺点。

拒绝排斥的：这种人如果发现你的不足，就会拒绝并排斥你。

评头论足的：这种人会批评你，不尊重你，让你觉得自己不如别人。

自吹自擂的：这种人会把你与他/她或别人做出不利的比较。

显然，如果一个人总是存在一种或几种上述的行为，他就可以说是一个刻薄的人，如果可以选择的话，那就离他远远的；但有时这些人如影随行。此外，几乎每个人都偶尔可能会有其中一种或几种行为。

> 我很容易被那些喜欢品头论足的人触发情绪问题。我觉得在考虑利弊之后下决心去做决定，对我来说已经充满挑战了，不再需要其他人告诉我哪里做得不对或不好，无论出于什么原因。
>
> 　　　　　　　　　　　　　　　　　　　　凯莉

试试这样做！

在你的日记中，找出最容易触发你的消极情绪的人。你能把他们与在之前的练习中确定的特定领域联系起来吗？

让我们看看佩尼娜写的：

人员类型：老师和同学　　**领域**：学校
人员类型：父母　　**领域**：家庭

现在，尝试想想反复出现的恐惧或是其他消极的情绪，写在与之相关的触发者旁边。

让我们看看佩尼娜写的：

人员类型：老师和同学　　**领域**：学校
我担心我不配待在这所学校；我和这些比我优秀的同龄人不是一类人；我怕他们觉得我不够优秀，然后孤立我。

人员类型：父母　　**领域**：家庭
我担心自己会辜负父母的期望，一旦他们发现我很差，就不会再像以前那样爱我了。

好啦，已经说了很多了！当你识别出生活中最容易触发你的消极观念的领域和人群后,你感觉如何?

触发的行为和体验

现在,我们希望你能够意识到与你相关的行为和它们带给你的体验。你能够意识到得越多,就越可能成功地做出改变,进而对生活和自我价值感产生积极的影响。

让我们进一步探索那些消极观念被触发和强化的方式。通读以下每个句子,并在符合自己情况的句子旁边标记"√"。先是行为和举动,而后是体验和感受。

行为

_____你允许自己被贬低。

_____你自己贬低自己(开个坏头,导致别人也贬低你)。

_____你允许别人在言语上、情感上或身体上攻击自己。

_____你对批评非常敏感。

_____你对任何批评的强烈反应都是退缩或者批评对方。

_____你经常性地把自己和他人做比较。

_____你对生活中的人很挑剔。

_____你会选择喜欢对他人评头论足和（或）排斥异己的人做朋友。

_____你会避免约会。

_____你尽可能避免那些让你感到自卑或会被认为比别人差的社交场合。

_____在人际关系进展到某个阶段后，你往往会退缩甚至是结束这段关系。

_____你倾向于保持相对表面的人际关系。

_____你倾向于选择和相对普通的人在一起。

_____你会远离那些可能导致被评价或被批评的人或情况。

_____你没有在学业或其他活动中投入应有的精力。

_____你会贬低自己的成就和优点，放大错误和缺点。

_____你用自己比较满意的方面（可能是长相、性格、幽默感）来分散他人的注意力，以避免他们注意到你自认为不足的部分。

_____当出现问题时，你会生自己的气。

_____当你情绪不好时，你会拿周围的事物撒气（例如，抱怨食物难吃、交通拥堵，或是对服务员发火）。

_____你为了达到高标准不断努力。

_____你有非常强的自我控制能力。

体验

_____ 你因为害怕别人只能看到自己的缺点而恐惧。

_____ 和那些在你看来比自己更完美的人在一起，你会感到不舒服、没有安全感。

_____ 与人相处时，你会感到不安或不自在，因为你担心他们会看清你的真面目。

_____ 你会嫉妒别人，或把别人当作假想敌。

_____ 你认为自己的人际关系不稳定，会由此感到不安。你的人际关系会让你缺乏安全感。

_____ 你感觉自己像个骗子，生活在害怕被揭穿的恐惧中。

_____ 你害怕担任领导职务或扮演任何可能引起注意的角色。

_____ 当你和很多人在一起时，会感到焦虑。

_____ 你经常感觉自己本可以做得更好。

_____ 你害怕被看作普通人。

_____ 你担心自己被认为不是最好的或没有超过大多数。

_____ 当你没有实现自己的长远目标时，你会觉得自己一事无成。

_____ 由于总是专注于没有实现的事情，你难以享受自己的生活。

_____ 你认为无论自己取得什么成就，都不足够。

_____ 你会因为和别人作比较而感到羞耻。

_____ 尽管你取得了成功，但仍旧感到空虚。

_____ 你认为只有达到高标准才能得到爱和关注。

_____你生活在羞耻感中。

_____你认为自己不配拥有目前生活中的一切。

_____你对那些阻碍你实现目标或表现比你好的人感到愤怒或怀有敌意。

在日记中写出上述情景中与你有关的场景,并试着解释它是怎样和你自己隐藏起来的部分相关联的,以及你是如何处理自己的消极情绪的。写下你自己的经历。

这个练习可能会让你感到有点(甚至非常)不舒服,因为它会迫使你回忆并找出不愉快的经历。我们知道这种感觉并不好,但这是你接纳自己的过程中不可缺少的一步。认识到自己的行为和体验是做出不同选择的第一步,之后才能逐渐增进自我价值感,更加接近自己想要的生活。

写在最后

当消极观念在生活的特定领域——被某种类型的人、情况或事件触发时——你就会被扭曲的想法、痛苦的情绪和不舒服的感觉吞没。你要做的就是尽快摆脱痛苦，因此，那些能够帮助你应对并尽快消除痛苦的行为是合理的。然而，这些行为会给你带来更多的问题，以及更差的感受。有理由认为，当你试图在别人面前隐藏某一（些）部分时，你需要借助一些短期内有效的行为，但从长远来看，这些行为往往会使事情变得复杂，甚至更糟——你自己也会感觉更糟。我们希望你了解，其实这是一个你能够控制的领域，你可以识别这些行为并做出改变，让自我感觉更好。

在下一章中，我们将进一步探讨那些无益的行为，并帮助你将它们转变为有益的行为，让你对自己感觉更好。最终，这将最大限度地减少消极观念，使你感觉更好，做真实的自己。

CHAPTER 3
弄清楚什么对自己更重要

在前两章中，你意识到了你对自己和他人的看法。现在，你应该对你的想法如何驱动你的行为有了更好的理解。大多数情况下，这种下意识的行为模式会对你不利：它非但不会通过解决你的消极情绪让你变得更好，还会让你感觉更差，消极的想法和情绪会导致无益的行为，而无益的行为又会导致你自我感觉不好，自我感觉不好又会产生更多消极的想法和情绪，这样就形成了恶性循环。

那些行为之所以没有起到正面的作用，是因为你并没有展现自己真实的一面。说出来你可能会惊讶，但我们表现出的样子常常与设想中的自己背道而驰。打破这种恶性循环很具有挑战性，因为我们的行为已经形成定式，你不再有意识地选择一定的方式做出反应；然而，你做出这种下意识的反应的目的是消除自己的负面情绪和想法。这种做法有时会让你与你所关心的人和事情发生冲突，你可能会想："哇，我为什么会这样做？我明明不是这样的人。"不幸的是，重复的行为模式和习惯决定着我们是什么样的人。你听说过"你即你所为"这句话吗？这是真的。人们在许多层面（从表面到深层）上，通过各种方式在不同情况下了解我们，但做出判断的主要依据是可观察到的行为。当我们"表现"出来的时候，就是在传达一些有关我们自己的非常重要的信息。

我们将在第 5 章中更多地讨论消极和扭曲的想法，但需要强调的是，这些想法的存在并不意味着它们会成为现实，而我们表现出来的却会让别人真切地感受到。既然如此，当你的负面情绪和想法被触发时，该怎样改变那些与消极想法和情绪相关联而产生的自动行为呢？这是一个很好的问题！你需要将你的行为与你的情绪分割开来，并让这些行为的出发点回归到你本身以及你希望如何被看待和你所关心的事情中。

让我们来聊聊凯特的故事。

凯特的故事

凯特认为自己对别人来说是个不错的朋友。她形容自己是一个体贴、关心朋友的人。

有时候她觉得自己像一群女孩中的"家长"——当有人吃午餐把饭掉在衣服上的时候，她总会从包里掏出一小瓶去污剂；当有人头痛时，她又能从口袋里拿出布洛芬。虽然她这样看待自己，但凯特总觉得自己还不够好。大多数时候，她会觉得自己并不像其他女孩那样有趣、漂亮或讨人喜欢。当这种想法出现时，她会通过对朋友发火来发泄。最终，情感的爆发使凯特的感觉更糟了，好像她真的不够好。

你能和凯特产生共鸣吗？有没有发现自己的行为会让事情变得更糟？你的行为是否与自己所在意的事情相悖？

你在意的是什么？

那么，你所关心的事情究竟是什么呢？与其选择对自己不喜欢的、试图隐藏和防御的部分做出反应，不如试着去接触对自己有意义的东西，比如理想的自我（不是完美的自我），你所珍视的，甚至是你希望对整个世界产生的影响。这会是一个具有挑战性的过程，因为那些防御机制会分散我们的注意力，对探索价值观和我们所关心的事情造成阻碍。有几种方法可以帮助你确定自己的价值观，我们会提供两个练习，也许某一个更能引起你的共鸣，但还是请尝试完成这两个步骤，这会帮你确认并强化那些对自己来说最重要的事情，进而帮助你明确理想的生活方式，并指导你的行为选择。

确定你的理想自我

在我们开始练习之前，首先，让我们识别和定义一些与品格高尚的人高度相关的品质。这能够帮助你专注于刻画理想中的自己，以及你希望别人看待自己的方式。下面的列表并不详尽，你可以自由添加任何其他能引起你共鸣的品质或特征。

诚实——说实话；言行一致；开诚布公
责任——能承担责任，能够承担后果；尽职尽责
关爱——关心他人；照顾那些难以自理的人
善良——友好、慷慨和体贴的品质；性格开朗，关怀他人

勇气——能够完成令你恐惧的事情；拥有直面痛苦的能力

公平——公正平等地对待每个人每件事，不偏袒、不歧视

感恩——心存感激的品质；投桃报李，回报善意

谦逊——能够准确地看待自己的重要性；谦虚；不虚荣

忠诚——对某人给予长期的支持，或表现出真心

耐心——接受或容忍拖延、麻烦或痛苦而不生气或心烦意乱的能力

开放——对他人的经历或观点乐于接受，不加评判，充满好奇

可信——被认为诚实和可以信赖的能力

动力——以特定方式行动的原因；做某事的意愿

热情——强烈、热切渴望的感觉；对特定活动的积极、主动以及强烈的兴趣

自尊——自尊心、自信心；以荣誉和尊严行事的感觉

> 在这个清单上，给我印象最深的品质是诚实、感恩、开放、动力、热情和自尊。在我对待家人和亲密朋友时，诚实是很重要的。同时，对我来说，向别人表达感激也很重要。我认为在与他人交往时保持开放的心态是必要的。保持驱动力也是重要的品质，因为我喜欢在重要的事情上努力工作。我很爱积极、热情的状态。最后，自尊对保持自信很重要，要时刻提醒自己，我是有价值的（不是一点点——是很大的价值！）。
>
> 凯莉

探索价值、意义和品质

这两个练习将帮助你意识到对自己来说什么是重要的,以及你希望自己拥有什么样的价值观或品质,来为自己的生活带来意义和目标。

想想你尊敬的和(或)激励过你的人,可以是你身边的人,也可以是历史人物,他们具备什么品质?记录在日记本上,尽可能地多写细节。

让我们看看赛达斯是怎么回答的:

> 我真的很尊敬我的足球教练,马特。高一的时候,我参加了校队季前赛的选拔,虽然我踢足球的时间不长,但我很喜欢这项运动,整个夏天也很刻苦地训练。在马特向球员做自我介绍时,他说他最关心的是刻苦和努力,他说:"天赋只能带你走到这儿了。"虽然我第一年没能进入一队,但马特会观看我在二队的比赛,并肯定我所取得的进步。第二年,我成功进入了一队,马特也成了我的教练。他专注冷静,有奉献精神,乐于助人,也会帮助球员突破自我,他对我们的想法持开放的心态,这样团队中的每个人都认为自己得到了重视,都可以为团队贡献力量。

> **试试这样做！**

想象一下，你的朋友或家人坐在一起讨论你，你希望他们会给出怎样的评价？你希望他们特别注意哪些品质？在日记中写下你的答案。

让我们看看赛达斯写的：

> 我希望我的朋友和家人说我很有趣，为人友好，很健谈，能够关心到朋友们并提出很好的建议，还有就是我喜欢尝试新鲜事物。

现在，请回顾一下你在完成上述练习时写下的内容。

> **试试这样做！**

正如你所想的那样，"善良"这样的词听起来很美好，但如果不付诸行动，这种品质的力量就无法显现。你需要用行动来证明自己拥有这样美好的品质。

阅读你在上一个练习中所写的内容，现在，侧重于已经确定的价值观和品质，然后，对应每种价值描述一下应该表现出的行为。

让我们回顾一下赛达斯的故事中涉及的价值观和品质：

>头脑冷静、敬业奉献、乐于助人、自我突破、风度翩翩、讨人喜欢、关切体贴、善解人意、求知欲强、冒险精神、和蔼可亲

如果"善良"是你认可的一种价值，那么你可以说，友好地对待别人能够将这种价值付诸行动。现在想想该怎样在生活的特定领域里，比如学校、朋友、家庭和工作中，将"善良"这种品质付诸行动，想想哪些人或情境会让你觉得自己难以表现得"善良"。

让我们来看看，面对"善良"这种价值，赛达斯是如何将它付诸实践的。总的来说，他认为"善良"的事很容易做到，但当他与那些对他或他朋友很刻薄的人在一起时，他就会产生有悖"善良"的倾向。他很快就发现自己掉入了一个陷阱，和他们在一起时他的行为举止变得和那些刻薄的同龄人一模一样。一旦这种互动结束，他就会产生很多消极情绪，这既是因为那些不友好的人对待他的方式，也是因为他在与他们交往时表现得几乎和他们一样。

如果某种行事风格让你事后觉得糟糕，那很有可能是因为这种行为与自己的价值观相冲突。

将价值观转化为行动

价值观是指你关心什么，你希望他人如何看待你。价值意图（在本

书中指依据自己价值观的、由价值观驱动的或与价值观相符的，可以是行为、想法或决定等）是你将价值观付诸行动时的表现。依照价值观行事是增加自我价值感、减少自我厌恶感的重要方式之一。这需要练习，而且很容易因为被别人分散注意力而脱轨，特别是消极观念被触发的时候。在这种情况下，人本能的反应就是保护自己。从本能情绪反应转变为价值意图的反应需要时间。我们有意识地去做，将这个经历记录下来，是强化新的行为选择而非习惯性情绪反应的一种有效方法。

就像我们之前说的，当赛达斯用辱骂来进行报复时，他反而对自己感觉更糟了。相反，当他以自己的价值观为导向做出回应时，他发现，尽管他仍然对那些不好听的话感到难过，但他并没有因为自己的反应变得更难受。

再次强调，这并不容易，当我们被负面情绪淹没时，会下意识地做一些自我保护的事情，使自己感觉好一点。但随着时间的推移，我们会了解到，从长期来看，这会使自己感觉更糟，而且可能会强化自己的消极观念。

● **安娜的故事**

现在让我们来看看安娜是如何处理"开放"这一价值观的。安娜生活在一个多元化的社区，这种多样性也同样反映在她的学校生活中。她高中的朋友和同学来自各种不同的背景，学校很重视这种多样性，也会促进学生间有关身份认同的交流。安娜喜欢她的高中生活，她很乐于参与这些交流，也用心倾听别人的经历和观点。

最近，她发现自己在与那些不认同她的观点的人交谈时，很难保持开放的心态。安娜对即将到来的选举中的一位候选人充满信心，当人们批评这位候选人时，她会让他们闭嘴。在最近的一次交谈中，安娜告诉一个同学，他完全错了，她不想再听他关于这位候选人的任何观点。当下让同学闭嘴，确实让安娜自己感觉好了一些，然而，安娜最终对自己感到非常失望，因为她无法接受那位同学的观点。

当你有能力远离消极情绪时，你就能把更多的注意力放在对你重要的事情上。你认为做什么会增加生命的意义呢？这个问题的答案会随着时间的推移，随着你接触更多的人、经历更多的事情而变化。

> 我和朋友们开玩笑说，如果你是青少年，而且是年龄大一点的青少年（至少从我的经验来看），那么你可能每天都会经历一个小小的存在危机（指个体对生命和存在本身的困惑和怀疑，质疑人生与意义）。在情绪低落的时候，我会去想"我做得对吗？"甚至是"我是不是把一切都搞砸了？"我觉得我经常质疑自己在很多事上是否做出了正确的选择，不管是选了什么课，和谁共度时光这样的小问题，还是怎样分配空闲时间这样的问题，等等。我有没有充分地利用自己宝贵的青春年华？怎样才能合理地支配我现在的时间？我不知道答案，但当我对新的朋友、新的机遇和新的经历敞开心扉时，我会对自己的决定更有信心。
>
> 凯莉

有些人在很小的时候就知道自己想做什么，想成为什么样的人，以及他们想对周围的人产生怎样的影响。如果能够确定哪些人和事对你很重要，那这会与价值观一起，成为你走向美好生活的指南。这并非意味着你不再会被分心，或是不再表现出那些与期待不符的行为，但至少你会发现自己不再可能做出让自己觉得更糟的行为。

来自外界的声音

弄清楚自己到底关心什么事情是一项颇具挑战性的任务。像大多数青少年一样，会有各种各样的声音向你提出建议、期望和要求，例如你应该怎样支配生活、需要完成什么任务，以及如何面对和同龄人做出的这样或那样的比较。这些建议和要求可能来自父母、老师、教练、同龄人或是流行文化，这些外部的声音会阻碍你弄清楚自己真正想做什么以及什么对自己来说是重要的。

让我们听听一些青少年的故事，里面会讲到他们是如何减少外界声音的影响，并找到自己内心真正想要的东西的。

● **布里娅：父亲的压力**

布里娅从小就被教导说光鲜的履历比任何事情都重要。早些时候她记得父亲还比较重视她是否接受到了良好的教育，但随着年龄的增长，她明显感觉到父亲更加重视学校的知名度而非学校提供的教育质量。对他来说，学校的声望比她能学到什么以及生活得是否快乐更重要。布里娅遵从了父亲的要求和期望，当她听到父亲提到自己时，提到的从来都不是关于她，而是关于她就读的学校——"布里娅在布里尔利学校、劳伦斯威尔学校和哥伦比亚大学念过书。"对他来说，这意味着她比大多数人都优秀，他也会认为自己作为父亲比大多数人都称职。

但布里娅总觉得自己失去了什么，她焦虑、抑郁，但她无法将情绪释放出来，因为这不符合父亲需要自己营造出的形象。父亲要求她保持良好形象的压力阻碍了她人际关系的发展，因为她担心自己会"露馅"，最终，在一年级快结束的时候，她从哥伦比亚大学辍学了。

布里娅没有机会在青少年阶段去探索和发现自己的人生价值，她一直忙于取悦父亲，直到这种伪装难以为继。当你专注于取悦别人时，你就会忽略自己的需求。你是否也曾被父母或是其他人对你的期待和要求分了心？

● 杰克逊：同辈压力

杰克逊所在的高中非常重视体育运动，他是一个很有天赋的游泳运动员，在高二时，他被选为游泳队的队长。他的很多队友都计划在大学里继续训练游泳，其他朋友也忙于申请愿意为自己的特长抛来橄榄枝的大学。尽管杰克逊很喜欢游泳，也为自己高中时期的表现感到满意，但他对继续参加更高水平的比赛并不感兴趣。杰克逊还没有确定自己到底想在大学中做些什么，但他希望有机会在不考虑竞技体育的情况下，找到适合自己的大学。

他的队友、朋友，甚至是教练都告诉他，不继续游泳是一个错误的选择。队友们说他会错过千载难逢甚至是此生仅有的机会；教练告诉他，大学代表队的运动员可能会获得一所优秀大学的部分甚至是全额奖学金。这让杰克逊怀疑，自己不去争取体育奖学金是不是自私且愚蠢的。他本可以为父母节省学费这一大笔开销，也可以不用再去申请大学生贷款。

然而杰克逊只是不想在大学中继续游泳了，他很希望探索大学里的其他兴趣团体，他知道如果自己参加大学游泳队，就不会再有时间去做更多的探索，游泳是他的爱好，但他不想把游泳当作自己毕生的事业，他想往前看。为此，他慎重考虑了每个人的建议，最终还是没有改变自己的看法，他意识到这是自己而非其他任何人的选择。

你是否经常因别人的影响或期待而分散注意力？

在你的日记中写下那些你认为试图干预自己生活选择的人。什么人或什么事可能会让你做出偏离价值观和内心的决定？当你对那些容易让自己做出错误选择的因素了然于胸时，就能在分心的一瞬间意识到，并能很快地重新将注意力转移到符合自己价值意图的行动上。

> 在生活中有很多人试图给我提出建议，告诉我应该做什么、怎样做。我乐于倾听家人和好朋友的意见。他们关心我，真心为我好，所以我知道大多数情况下他们会站在我的角度谨慎地提出建议；此外，他们也足够了解我，知道该怎样提出合理的建议。我很感谢他们，即便最后我没有听取这些建议，我对他们也保持开放的态度，并将这些建议纳入自己的考虑范围。除了亲人和朋友外，我一般不会被别人随口说的话左右。有时，其他同龄人或成年人也会提出很好的建议，但他们对我的了解并不多，所以这种建议可能会分散我的精力，使我不能专注于自己的价值观和内心想法。
>
> 凯莉

来自内心的声音

建立良好的自我感觉在很大程度上是一项内在的工作，你需要把注意力集中在对自己重要的事情，以及你渴望展现出的样子上。那些互联网和社交媒体上的信息主要集中于外部事物，分散了人们对自己更重要的内在方面的注意力。你可能会发现自己被某种外在的事物所迷惑，专注于那些难以带来长期满足或自我价值感提升的活动上。它可能在短时间内让你感觉不错，但这种感受并不能持久。比如，在社交媒体上浏览到一些让你（通过比较）对自己满意的内容，或者你发布的帖子被很多人点赞；一段时间之后，又会出现许多令自己难过的事情给你泼冷水。这有点像吃糖——高糖分带来开心的感受，但过不了多久你就会崩溃。这甚至形成了一个成瘾的循环——你需要补充糖分来唤醒自己，但又在短暂的兴奋后感觉更糟糕，进而需要补充更大剂量的糖分。这并非要求你抛去生活中所有即时反馈的快乐，但也确实意味着要正确地看待并且克制地使用，特别是在意识到接触它们反而会让自己更容易被消极情绪所影响的时候。社交媒体给了每个人获得虚假成就感的机会，从而使人们难以将注意力集中于符合价值意图的目标上，为了获得长期的成就感以及更全面、稳定的自我价值感，我们必须关注自己与他人的关系、意义、愿望、价值观和信仰等。

● 梅丽娜的故事

梅丽娜在学校和几个好朋友吵了一架，她觉得他们都在针对自己，朋友们不像原来那么积极地在群里聊天了，她觉得他们抛开自己新建了一个群。她决定在 Instagram 上发布一张自己和其他朋友的照片，来表明自己在没有那群朋友的情况下也能活得很快乐。当梅丽娜第一次这样做时，她的照片被很多人点赞，想象着那些"抛弃"自己的朋友们看到照片并怀念有自己的日子的场景，她感觉很棒。但后来，当自己还是没有收到他们的消息时，她开始心烦意乱，觉得自己不该和他们一般见识。最后她甚至感觉朋友们对自己更加反感了。

> 每当我感到沮丧时，我知道有一些特定的事情会让自己感觉好起来，更重要的是，我还知道那些会让自己变得更糟的事情。人们有时很容易落入自毁行为中。当我一个人在家无所事事的时候，我经常会登录社交媒体，看看朋友们的照片和状态。一开始我觉得很有意思，但慢慢地开始感到悲伤，想着他们都比我有趣。因为我了解我自己，所以在感到悲伤沮丧的时候，我尽量不打开社交软件。相反，我会给好朋友或是家人打电话——和他们交谈我会感到快乐。这样，我就可以与我爱的人和爱我的人进行有意义的互动，比起花时间在社交软件上，我觉得这样好多了。
>
> 凯莉

你了解到这些暂时的误区是如何对自我价值感产生负面影响了吧，如果总是拿他人来衡量自己，那我们的情绪就会像坐过山车一样。有时候我们可能会对别人糟糕的经历抱有一种反常的喜悦，因为我们在那一刻觉得自己很幸运。但最终，我们会对自己感觉更糟糕，因为我们没有将精力集中在会使自己长期受益的事情——将行为建立在自己的价值观之上。

> **试试这样做！**

在日记中列出一些活动，它们在你情绪低落时不能让你觉得更好，或者往往会随着时间的推移让你自我感觉更差。在你写完后，列出一份目前会让自己感觉更好的活动列表（例如，给好朋友或家人打电话、志愿服务、锻炼）。情绪不好时，你可以看看这个清单，来帮助自己做出正确、有益的选择。基于你的价值观所做出的选择可能不会让你立刻好起来，但会防止你的情绪变得更糟，并且从长远角度考虑，你会因此受益。

价值观和性格的重构

关注自己的性格和价值观——你期望如何展现自己，以及希望他人如何看待你——将有助于稳定和强化个人的自我价值感。这并不意味着你不会再产生负面的想法或感受，或者你再也不会做出与所认同的价值观不一致的行为，但通过练习，你会发现自己基于价值观重新定位自己的品质和行为，能够给生活带来实质上的意义。

你认可的价值观念可能会随时间推移而改变，随着你拥有更多的经历，对自己、他人和日新月异的世界的更多了解，你会做出调整来适应新的观念和目标。经常审视自己的价值观能帮助你重新评估（什么是有效的，什么不起作用）并重新定位优先级（现在什么对你来说更重要）。

我正处于人生中不断变化的一个阶段。在大学里学到的内容是以前从未学过甚至想都没想过的，一个学期就足以改变我对某个问题或学科的整体看法。刚进入大学时，我认为自己喜欢和孩子有关的工作，在整个高中阶段，我一直是某个小学生课外活动的志愿者，并作为夏令营辅导员度过了两个难忘的夏天。在大学里，我在一些和青少年相关的组织中做志愿者。然而，直到我开始学习有关教育和教育公平的课程，我才真正把它作为我感兴趣的研究方向。在一次意义深远的课后，我意识到教育的重要性和自己对它的重视，并且想在未来从事教育相关的事业。

我发现了自己这种兴趣后，我就减少了其他的课外活动，并将所有的课余时间集中在教育服务上。现在我每周都花大量的时间从事与学生相关的工作，或者为当地公立学区的学生们争取权益。

凯莉

写在最后

确定并践行自己的价值观是改变无益行为的关键。当你按自己的价值观行事时，幸福感和自我价值感都会提升；相反，当你因触发事件产生的消极想法和情绪做出自动反应时，会损害人际关系，并产生更差的自我感觉。最初，你可能会觉得遵循自己的价值观很有挑战性，但随着练习的深入和时间的推移，价值观导向的行为将会取代自动反应的无益行为。此外，你可以把之前练习中的价值清单和相关行为列表置于手边，这样当你需要提醒的时候，就可以看"小抄"了。

CHAPTER 4
与自我和他人联结

正如在前一章中所讨论的，我们经常试图通过与他人做比较，甚至是贬低他人及其成就让自己感觉更好。然而，这并不是提升自我价值、进行自我接纳的可靠、有效和可持续的办法。相反，大量研究表明，提升自我价值的一贯途径是提升自我关怀的能力。自我关怀意味着你要像对待最好的朋友一样对待自己——即使你把事情搞砸了。好消息是，你可能已经知道如何以这种方式与人相处，你也许已经有足够的经验，在朋友或亲人经历低谷期时安慰他们。但遗憾的是，我们大多数人都没怎么为自己做过这样的事。

自我关怀 vs 内在批评

在你花很多时间隐藏自己厌恶或羞于被人发现的一些方面的情况下，自我关怀可能很难付诸实践。和大多数人一样，你会发现自责或自我批评比包容自己的不足要来得容易。内在的批评可以看作压力和焦虑的代表，与之相对，自我关怀则代表了催产素和其他让人感觉良好的激素，这些激素会在我们的情绪被照顾时释放。当你犯错时，自我关怀会让你感觉更好，而内在批评则会让你感觉更糟。

● 应对内在批评

和很多人一样，你内心深处的批评家也如影随形地出现在你反省自己的不完美和失误之时。如同你对自己的消极想法进行反省一般，"内在批评家"像是曾言辞激烈地批评过你的人那样，让你沉浸在过去的消极经历中，并用它们预测你的未来，让你活在消极情绪的阴影中。

\ 试试这样做！/

写下自己被某个人或某件事触发消极情绪时，脑海中浮现的内容，你可以参考第 2 章中确定的触发因素。在日记中记录这一情境以及你因此产生的消极观念，尽可能具体一些。

● 艾丽西娅的故事

我是我们家第一代大学生。我就读的大学为像我这样的学生提供了强有力的支持，我们可以从同样背景的前辈那里得到建议，也可以和很多经历相似的同龄人进行交流。但有时候，在课堂对话和社交活动中，我仍然感到孤独。例如，最近有一次舍友们正在公共休息室里闲聊，但我走进来的时候她们突然终止了对话。我感到很不舒服，于是决定问她们为什么这样做，她们告诉我说，她们一直在谈论之前所就读的不同寄宿学校的传统（而我没有这种经历），因为不想让我感到难以融入，所以看到我的时候停止了交谈，并计划换一个让我也能参与其中的话题。我知道她们的出发点是好的，但这还是让我对自己感觉很糟糕，我知道自己没有她们那样的高中经历，但我仍然希望能参与这样的对话。现在这样我感到尴尬，我总想知道她们还有什么是避开我才聊的。

以下是艾丽西娅脑海中的消极想法：

　　我觉得我不够好，其他学生比我更能融入这里的文化，也比我更聪明，我不配待在这里。

每个人在一生中都会遇到各种各样的批评，也许你没能从身边的人那里得到多少同情，所以对自己也开始进行批评而非关怀。自我批评代表着封闭内心，而自我关怀则代表开放内心，内心从封闭到开放的转变确实很有挑战性，因为你可能已经习惯了通过封闭保护自己，这样的话，你会很自然地想抵制这个过程。

敞开心扉并不是一个恒定的状态，你的内心会根据自己的经验判断该开放还是封闭。在消极观念没有被触发时，练习敞开心扉是更容易的，因为这种情况下你不需要进行自我保护，也可以允许自己脆弱一些。然而，消极想法和体验产生后，你可能会进入自我保护状态，这种保护性反应可能会使你的感觉暂时好转，但不会让你朝着自己的价值观前进。然而，用自我关怀来面对折磨与挣扎时，你是以一种善意来面对正在遭受的痛苦，并且正在尽最大的努力来应对目前的处境。通常情况下，我们对触发消极情绪的场景的反应是自动的，以至于我们意识不到自己正在遭受痛苦，又或者有些时候你意识到了自己的挣扎，但仍然选择了进行自我批评。

现在让我们来看看如何通过基于自我关怀衍生出的方法，来改变触发情境和随之而来的消极观念。

● 培养自我关怀

以艾丽西娅为例，我们将向你展示如何基于自我关怀来重塑自己的经历和你对它的看法，同时也强调在你习惯于自我批评时容易忽视的积极方面。

自我关怀的其中一种方式是借助"基于资产"的思维，这种方法要求你在面对挑战或障碍时，专注于自己的目标和所拥有的资源。这并不意味着忽略某种缺点或消极方面，但是，为了想出解决方案并向前迈进，就不能专注于修复漏洞或改正错误；相反，要专注于建立已经存在的优势——那些已经存在于你心中的力量。那些持有"基于资产"思维的人认为，每种情况或个人都有其内在的价值——也包括你！

在艾丽西娅的故事中，她解释说，有时会觉得自己比不上那些来自较好社会经济背景或有更多文化经历的同龄人，出于各方面存在的不同，她感觉自己无法参与到某些对话中。

　　为了培养自我关怀的能力，艾丽西娅应该考虑自己不同的经历能给谈话增加怎样的独特元素，而非思考她比别人缺少的东西。当艾丽西娅有能力分享自己的经历时，她也发现了自己在谈话中的价值。她的经历能够帮助同龄人更好地了解她所代表的群体。艾丽西娅会对自己说："我有价值，我很重要，我的经历很有趣，我的经历对我也很重要，我的同学们对我说的话会很感兴趣。"

　　现在你已经阅读了我们给出的例子，从之前的练习中找到对自己情况的描述，并添加自我关怀的话语。如果完成起来有困难，想想你会怎样开导好朋友，帮助他全方面地审视现状，从而使他感觉更好，也试试对自己这样做。

寻找联结

　　我们对自己的感受有时会让我们感到孤独。我们会经常从受消极情绪困扰的青少年那里听到一些说法，比如："因为这些情绪我感到很孤独。""我感觉自己像个局外人。""我感觉没有人能理解我的感受——

孤独、被隔绝、难以融入、像一个外人一样在眼巴巴地看。"我们害怕被人看透，这导致了更多的自我批评和审视，这会使我们与其他人进一步分离，最终导致对他人的扭曲认知。

在与他人保持距离时，我们只能看到那些表面现象，然后很容易得出这样的结论：别人的生活比你的要更完美。这强化了你和他人保持甚至拉远距离的欲望，以防止自己被看作有缺陷、不完美或没有价值的人。

现在，我们看看怎样做能让你感觉与他人联系更紧密。

常见的困难

你能记起和他人对彼此敞开心扉，谈论自己或他们正在经历的困难的经历吗？这有没有让你们之间变得更亲密？或是那种联系是不是你之前从未体验到的？把它写进日记里。

● **萝丝的经历**

我和男朋友乔希才开始交往几个月，但我们在中学就认识了。高中时，我们总和一群朋友一起玩，那时我就觉得我们之间有点不一样，直到大三，我们才公开恋情。那之后，乔希和我开始单独出去玩，不久我们就决定正式在一起。那是我一生中最快乐的一段时光，我们真的很在乎对方，在一起玩得很开心。

一个月后，我开始注意到，由于我花费了太多时间和乔希在一起，我忽略了身边的其他人，包括其他朋友甚至是家人。我不知道该怎么向乔希解释我的感觉，因为我喜欢和他在一起；我只是觉得自己没有时间与其他人相处了。我对辩论队里一个关系不错的女孩克洛伊讲了，她很贴心，所以我想她会愿意听，甚至会给我一些帮助。克洛伊对我的信任感到很开心，她非常支持我，并试着帮我想出既能向乔希解释我的担忧，又能让他知道我很享受我们俩独处的时光的办法。谈话结束后，我对顺利解决这个问题充满了信心，并开心于克洛伊和我建立了更好的关系。

每个人都会痛苦

如果你有过类似的经历，也可能会体验到一种复杂的情绪——你感觉与某个人很亲近，但同时也觉得你们的关系很脆弱。

你感觉自己被认识和了解，但同时也觉得自己分享的信息可能会给自己带来伤害、招致厌恶。你想要敞开心扉，但这么做了之后你又想封闭自己，你为自己的勇敢而自豪，但也为自己的愚蠢而自责。所有这些想法、感觉和体验都是很自然的。

诚挚地打开心扉，向别人分享自己的经历，也能促使他们与你诉说他们的经历，这种交流将帮助你理解同理心的另一个方面，即人的共性。当我们遭受痛苦，沉湎于消极情绪，被生活中的挑战压倒时，囿于自己的经历，视野会很受限，所有的注意都集中在正处于风暴中心的自己身上，因此看不到其他人也在经历痛苦。每个人都有缺陷，都有脆弱的时刻，自然也都会遭受痛苦。实现自我关怀的重要一步就是认识到所有人都会痛苦，每个人都有属于自己的不足和失败。这不是"我"的事情——而是"我们"的事情。你和每个人都一样，痛苦始终存在于大家的生活中，只是在每个人身上的表现形式不同罢了。

首先，你必须意识到自己的痛苦，在阅读第 2 章和第 3 章并完成练习后，你可能已经有了更多的认识。然而，你可能会拒绝感知自己的痛苦，因为你担心它会让你发现自己懦弱无力。通常，人们在开始自我关怀之前应该先了解同理心的概念。

有了同理心，你就会认识到别人的痛苦，进而希望他们摆脱痛苦，也有了想要减轻他们痛苦的动力。当真正富有同理心时，你是脆弱但开放的，你选择让别人看到你自己的痛苦——这就是你与别人沟通的方式。

当你感受到自己的痛苦时，你可能会体验到难以抑制的情绪。虽然这是正常反应，但你可能还是会感到不适，甚至是无法忍受。如果遇到困难，请向能够为自己提供支持的父母、朋友、教练、老师或学校辅导员寻求帮助。

● **库梅尔的故事**

库梅尔的父母给他施加了很大的压力，要求他"打起精神"，不要向别人暴露自己的弱点。他爸爸告诉他，男孩子不应把难过表现出来。库梅尔在学校成绩很好，交了很多朋友，他并没觉得自己需要隐藏很多弱点。然而，当不好的情绪出现时，库梅尔知道自己只需要强行把它咽下去，装出一副坚强的样子就好。最终，他不再承认自己身上会出现不好的情绪，并完全忽略了它们的存在。

最近，库梅尔的叔叔在一场车祸中去世了。一直以来，他都不敢直面自己的情绪，可当失去家庭成员的巨大悲伤爆发时，这种痛苦真的是难以承受。他不知道自己该怎么处理这种情绪。

他的一个朋友，梅赫尔，注意到他很悲伤，并询问他是否一切都好。库梅尔分享了自己失去亲人的经历，并谈到了自己的情绪。梅赫尔同情地做出了回应——她感同身受并分享她自己失去亲人的经历，以及常常伴随而来的难以抑制的情绪。库梅尔由此得知，并非只有他一人会感到痛苦。他把自己的经历告诉了梅赫尔；同样，她也与他分享了自己的经历，从而让他看到同理心是什么样子。如果库梅尔像梅赫尔对待他那样对待自己，那么他就是在练习自我关怀。

你能想象用同样的温暖、理解和关怀来对待自己，就像你对待别人或他们对待你一样吗？如果能做到，那将是获得同理心并将其用于自己身上的一个很好的方法。

应对你自己不喜欢的方面

你可能会觉得自己不擅长自我关怀，因为你想象不到该怎样用一种友善、温柔的声音和自己对话。特别是对于那些你倾向于在别人面前隐藏的部分、因为讨厌而竭尽全力不去承认的部分、难以接受的情绪来说，这可能更为明显。每个人在面对他们尽力避免的事情时都感到自我关怀是具有挑战性的。

莎伦·萨尔茨伯格在她的书《仁慈：幸福的革命艺术》（Loving-Kindness: The Revolutionary Art of Happiness）中指出，这个练习很伟大，因为人们为此完成了具有挑战性的自我关怀。她还针对"自己受困的部分"提供了一种可替代的冥想练习，借此你可以开启一个专门针对自己和那些消极体验的慈心冥想。

试试这样做！

在第 2 章中，你确定了自己的消极观念、触发因素以及由此导致的无益行为；在第 3 章中，你确定了自己的价值观，并感受到了现状与理想价值的差距。回顾你在这些章节中完成的练习，寻找自身那些让你感到痛苦的方面，并列出清单。完成后，选择其中的 4 个方面，写在一个编号的列表中，各自写下一条激励人心的短语，以"愿我"开头，这些短语应该同自己的痛苦和挣扎联系在一起。

下面是一个慈心冥想的例子：

厌恶自身的方面：

1. 我的脾气

2. 我对失败的恐惧

3. 我过分在意别人的看法

4. 我的自我批判

对以上方面的激励性短语：

1. 愿我做仁爱之人。

2. 愿我摆脱恐惧。

3. 愿我欣赏自己的优秀品质。

4. 愿我体谅自己，保持积极。

选择最适合的时间，每天至少练习一次上述的慈心冥想。你可能更喜欢在早晨进行，来为一天定下好的基调；或者是在晚上睡觉前，带着愉快的心情入眠。

分享自己的一些方面

在《青少年沟通技巧》（*Communication Skills for Teens*）一书中，我们讨论了帮助他人了解自己的过程以及自我披露的回报。我们认为，与他人联系越多，对自己的感觉就越好，也有研究支持了这种观点。当然，选择合适的人来分享自我是非常重要的，通常情况下，你需要花费很多时间精力才能知道到底哪些人是合适的，所以我们建议采取循序渐进的方法来表达自我。下面是向别人敞开心扉的8个步骤。

1. **偏好和兴趣**。你一定有喜欢或不喜欢的事情——例如，你讨厌某一门课，比如三角函数；你喜欢的乐队。这可以扩展到风格、地点、活动、明星和谈话主题等。甚至再冒险一点，再勇敢一点——探讨一些或多或少深入内心的事情。分享你的兴趣和喜好往往能创造一种即时的亲近感，会鼓励其他人与你分享他们的偏好和兴趣。

2. 信息。一些基本的情况，比如上什么课，学过什么乐器或运动，周末做什么，坐哪路公共汽车回家，甚至是你住在哪个小区。这种分享的风险非常低——它通常不会给别人提供太多评价的依据，但确实会给他们一种了解你的感觉。

3. 你的过去。分享你过去发生过的有趣的事情是张安全牌，也容易让聊天继续下去。而分享那些让你感到痛苦的挑战和危机，则让你们的谈话更进了一步。虽然分享痛苦会给人一种危险的感觉，但这是建立信任非常好的方法。我们倾向于与那些分享自己不太好的经历的人在一起，这样会感到更安全和更亲近。

4. 观点。你思考和评价事物的方式是很重要的，某些观点来自你的内心深处，会反映出你对世界的真实看法。亲密、信任的关系一定程度上建立在你们互相了解彼此看待事物的方式的基础上。

设想你要同一个对自己想法或态度缄口不言的人建立联系，这可能会让你很不舒服，因为你不知道该怎么开始这段关系。此外，即使你们建立了联系，它也不一定真正具有什么意义，愿意分享自己的观点——即使是无关紧要的话题——才会让关系更安全、更深入。

5. 价值观。价值观往往伴随着观点，更私人但也更重要，这是你真正关心的：想怎样过自己的一生。价值观包括想要做出什么行为，打算如何与自己关心的人相处，想如何支配自己的生活，以及你认为自己会倾其一生从事的事情。此外，还涉及你对世界的期望以及你认为人们需要为他人做些什么这些更宏大的议题。价值观对个体非常重要，所以一般不会成为新朋友之间的首要话题，但分享价值观可以使亲密关系更进一大步。

> 每当我进入一个新环境，无论是开展新工作还是进入新学校，首要任务之一是找到自己愿意与之交往的人。
>
> 有时候，这些人可能不会成为一辈子的朋友。例如，我去年开始了一份新的工作，并与几个和我年龄相仿的同事相处得很好，我们经常一起说笑，不管是工作还是休息都待在一起。随着我们相处的时间越来越多，我开始意识到我们的价值观并不契合。他们真的很喜欢出去聚会，和他们一起出去玩我确实也很开心，但不同的是他们似乎只想着玩。我喜欢和朋友们一起完成各种各样的活动，而不仅仅是出去聚会。这并不意味着我们的关系结束了，但我确实意识到和他们的关系可能也就是"一起玩的"朋友了。
>
> 凯莉

6. 你想要的。无论是在童年时期还是未来的某一阶段，每个阶段你都会有自己想要的东西。小时候它可能很简单——可能就是一套玩具或是生日礼物；后来可能是某种向往或渴望——想和分开很久的朋友们见上一面；未来的愿望可能与职业相关，或者单纯希望自己明年不需要再学某门课程了。展示其中一些你想要的东西会增进关系，也可以鼓励朋友之间相互分享。当朋友们与你分享他们想要的东西时，你们的关系就更进一步了，因为你被接纳了。

7. 曾经的情绪。生活中交织着希望、悲伤、恐惧、爱或愤怒等各种情绪，甚至是你过去某一时期对自己的感觉。分享良好的感觉风险往往更小，从那里开始会让人感到更安全；但分享脆弱或痛苦的感觉会让你感到解脱，因为终于有人知道并理解你所经历的一切。对于这些负面的情绪，最好先简单提一句，看看对方是否有听下去的兴趣和意愿，试探之后再选择循序渐进地继续讲下去。

8. 当下的体验。这是你当下的感觉或需求，其中风险较低的是与不在场的人（不是正和你交谈的人）相关的那些。而最难以启齿的可能就是你对面前人的感受或需求，这很可怕，存在被拒绝的风险，但如果开诚布公，它们可能会以惊人的方式改变这一段关系。如果对于一段最近没有任何进展的关系，你说"和你在一起很有趣，我想花更多的时间和你出去玩"，很有可能会导致你们的关系"开倒车"，进而引发痛苦的体验；但如果你的朋友也有同样的想法，那就能让你们形成更紧密、更深入的联系。分享积极的感觉已经足够具有挑战性了，但当下的消极情绪才是最难谈及的事情。

然而，如果你不这样做，这种感觉会持续下去，可能会潜移默化地形成一种无声的裂痕，最终导致友谊难以为继。

> 有时候，我很容易觉得自己既不如班上其他同学聪明，又不如他们勤奋。他们都非常认真地对待自己的学习和工作，似乎每个人都比我忙，完成的事情也更多。当我把这些

> 消极的感受藏在心里时，它们会对我产生很真实的伤害，让自己感觉很糟糕。我最近新交了一个朋友，她很有想法，十分积极乐观。尽管我们认识的时间不长，我还是决定和她谈谈自己这种"啥也不是"的感觉，我告诉她，这让我感到沮丧，工作和学习的积极性也降低了。我知道向她表达这些想法是有风险的——她会评判我吗？她会不会也觉得我不如别人？但事实证明并非如此。我选择和她讨论这件事，是因为在我看来她很有爱心，她完全证明了我是对的——她很认真地倾听，并安慰我说，当其他人成功时，我们很容易会觉得自己落后了，但每个人都面临着不同的挑战，没有人能永远让一切都尽在掌握。
>
> 凯莉

分享对很多人来说并不容易，这可能与展示真实的自我会被羞辱、批评或嘲笑的家庭环境有关。如果来自这样的家庭，那么你可能会认为分享的风险是巨大的，从而自我隐藏。

在某些情况下，你可能发现自己没有按照上面的步骤由浅入深地将自己脆弱的一面分享出来，即使跳过了一些步骤，也不用担心——那是最谨慎的一种方式。更快的"被人了解"的过程可以发生在户外探险、静修活动中，或其他有很多并不熟悉的人共同参与的社交场合中。

我参加了学校组织的"一晚静修"活动，一个参加过的学姐告诉我，她玩得很开心，还交了几个新朋友。我有些怀疑人是不是真的能在一两天内交到新朋友，但我还是想尝试一下，毕竟我得到了好的反馈，也对交新朋友很感兴趣。我和朋友萨米一起报了名，一到那里，我们就进入了不同的木屋，加入了不同的讨论小组。起初我很紧张，我本以为萨米会和我在一起，这样还能有点安慰，但现在身边全是陌生人。弗朗西斯卡是和我同住一个木屋的一个女孩，她和我在同一个讨论组，所以刚到那儿的第一天，很长一段时间都是我俩一起度过的。我们很快就建立了联系——首先我们都很喜欢喝茶（她应该没尝试过睡前喝茶，那可棒极了），然后进一步讨论了很多涉及家庭和生活的私人话题。当我们聊到非常隐私的话题，比如自己各方面的信息时，小组中的成员变得十分亲近。直到现在，当我在学校看到那些小组里的人时，我总会微笑着和他们打招呼。那天晚上晚些时候，我很兴奋地向萨米介绍新朋友弗朗西斯卡，我们相处得很不错，现在回到学校，也经常在一起。

凯莉

在青少年时期,你会发现自己可能遇到各种情况,这会为你提供与他人产生联系的机会。每一种联系都会提醒你,大家或多或少都会遇到困难,我们对自己和他人的理解越多,就越能减轻生活中的痛苦。

写在最后

在提升自我价值感这一方面,自我关怀可以说是能够"改变游戏规则"的。在你面对困难或经历挫折的时候,用理解和善意的态度来对待自己,会使自己更加开放,从而更容易与他人建立联系。如果不进行自我关怀,那你很可能会感到孤独或被其他人孤立。在失败的时候(每个人都会失败),如果你尝试采取自我关怀(即"我和其他人一样""这很正常,每个人都会有类似的经历")而非自我批评(即"我真差劲""我糟透了")的方式去面对,那么随着时间的推移,你的自我价值感将会保持稳定甚至慢慢提升,因为你在善待自己,始终积极地评价自己。

正念与思维模式

CHAPTER 5

虽然我们最期待的是在当下拥有良好的自我感觉，但在我们的脑海中，我们的思绪可以说无处不在，可就是不在当下。更多时候，我们会反思过去，或是预测、担心未来。定期的正念练习会帮助我们养成专注的习惯，同时能改变我们与自己的思维、想法和自我的关系。这很重要，因为当消极观念被触发时，你会沉溺于与过去相似的场景中，这意味着你的感知会受到过往经验的限制。由此，你对当前形势的判断能力被改变了，反应变得下意识，通常在有机会思考之前就发生了，不再能就事论事，集中于对目前状况的判断——你的头脑在利用过去陈旧的信息得出结论，从而扭曲了对现实的看法。

本章将揭示正念对自我接纳的重要作用。正念能通过专注于目前的体验和感受，来抑制消极观念触发时大脑依据过去的经验做出反应。我们的想法会极大地分散对当下体验的注意力，正念可以帮助你与自己的想法建立一种新的关系，进而关注当下。

正念与思维模式

设想让当下所有的信息都进入你的脑海，尝试以接纳而非恐惧的心态面对正在发生的事情，并以自己的价值意图而非与消极观念相关联的下意识行为来回应，这就是正念与我们通常的做事逻辑之间的区别。

你听说过正念吗？有没有在学校或是其他地方进行过这种练习？它被证明是对抗包括焦虑、抑郁、进食障碍、创伤后应激障碍等多种疾病的有效方法，此外，大量研究表明使用正念和冥想练习能够提升健康水平和幸福感。然而，很多人会觉得正念很困难——经常听到"我不擅长""这不适合我""我很难停止思考"此类的评价。如果你也有类似这样的想法，那也很正常，这些都是真实的感受，我们大家都会受到这样的观点的挑战：就是身处当下，如何去真正体验现在正在发生的事情。

> 上学期，一位教授与大学心理咨询服务部门合作，在课程中设置了有关幸福感和反思的内容。在某节课上，一位心理老师与我们谈论如何在大学生活中保持幸福和健康的状态，他先是鼓励我们找出生活中的压力来源，然后列出用来管理压力和进行自我关怀的方法；接下来，他介绍了两种用来关心自我和提升幸福感的手段：正念和冥想。老师解释说，正念是以一种特定目的和方式集中注意力，冥想则是通过改

> 变你和你自己想法的关系来提升正念的效果。老师让我们轮流坐在办公桌前冥想一分钟。老实说，在课堂上冥想有点尴尬和不自然，尽管如此，我还是尽最大努力在那一刻把意识集中起来，这种体验很奇妙，我愿意再尝试几次。
>
> 凯莉

在进一步讨论之前，让我们先来聊聊正念。简单地说，正念就是把意识集中于当下，同时不加评判地承认和接纳自己的想法、情绪和感受，这听起来可能很容易（或很不容易），但我们往往很难真正地活在当下。

想想老师或是教练点名的时候，当你的名字被叫到，你会回答"到"，但事实上你只是人在那儿——脑子里面可能正在想中午吃什么，周末要不要去看新电影，或者是要给好朋友买什么生日礼物。大脑是一台永远不会停止思考的机器，任何人都无法让它停下。

尝试理解自己和大脑，以及大脑产生的想法之间的关系，有助于你的正念练习。通常情况下，这些想法集中于对过去的反省或对未来的担忧，不过现在你可能不相信这种说法，那就让我们通过"3个碗"活动来检验一下它的真实性吧（由兰迪·J. 帕特森博士在《如何变得痛苦》（*How to Be Miserable*）一书中提出）。

试试这样做！

1. 把 3 个碗在你面前排成一排。

2. 在卡片或小纸片上写下每个浮现在你脑海中的想法，把其中与过去相关的那些放在左边的碗里，与未来相关的放在右边的碗里，与现实相关的放到中间的碗里。

用至少 15 分钟做这个练习，在这个过程中捕捉大脑产生的想法，把它写下来，然后放到对应的碗里，对每个想法都重复这个过程。15 分钟后，你可以停下来，看看这 3 个碗，对于大多数人来说，中间碗里的纸片是最少的。

不需要对结果做任何评判，这种结果在预料之中，是大脑的自然倾向，这也是正念充满挑战性的原因。

> 这个练习对我来说特别具有挑战性，我中间的碗里几乎没有卡片，大多数卡片都在"未来"那只碗里。现在，我非常关注大学毕业后从事什么职业，以及我如何为找工作做好准备，所以现阶段我更加重视未来是合理的。通过这个练习，我试图将自己聚焦未来的力量引导到现在，我意识到规划未来并考虑自己的期待是很重要的——而想要实现这些离不开

自己当下的努力。我应该专注于哪些对未来有益的事情？我的一个想法是，我需要在学业上更加努力，并寻求机会以新的方式探索自己的学术兴趣。

凯莉

试试这样做！

现在，我们希望你从左边的碗中拿出那些有关过去的纸片，并将其中每一个想法都与你在第 1 章中确定的关于自己的一个观念联系起来，选出其中一两个对你影响最大的。

让我们看看哈里写的：

有关过去的想法：

1. 我花了很多时间去思考其他人想要什么，而不是我自己想要什么。
2. 我高中的时候应该取得更好的成绩。
3. 我真希望在祖父母去世前能多陪陪他们。

有关自己的观念：

1. 别人的需求比自己的更重要。
2. 我不够优秀。
3. 我不是个善良的人。

接下来，用右边碗里的卡片完成同样的练习。

看看哈里的答案：

有关未来的想法：

1. 我不知道能否找到自己感兴趣的工作。

2. 我不知道自己是否会收获爱情。

3. 我担心自己达不到父母的期望。

有关自己的观念：

1. 我是个失败者。

2. 我不值得被爱。

3. 我还不够优秀。

你是否开始意识到自己有关过去的想法（通常是反省或遗憾的形式）和未来的想法（通常是担忧和恐惧的形式）加强了那些消极的观念？越少聚焦当下，就会花费越多的时间在这种消极反馈的循环中。只要回到当下，我们就能找到突破口。

你可能想知道自己能做些什么来改变这些想法，可能会想要是能阻止这类无益想法的产生就好了！可你无法控制自己的大脑，但你可以改变你与自己想法之间的关系，这就是正念拥有变革性能力的原因。

这意味着什么？当一个想法在脑海中形成时，尝试以一种富有好奇心的、不加评判的方式观察它。不执着，也不需要把它当作真理，在确定了它是什么之后，就可以放手让它消散了。如果抓着这个想法不放，那就会被拖回到过去或被拉向未来，总之会脱离现在。活在过去或未来可能会产生不必要的压力和情绪上的痛苦，并妨碍你对当下正在发生事情的感知。

让我们看看你与你的想法之间的关系如何对你产生负面影响。

试试这样做！

你的想法是如何定义你的？它们会以怎样的形式影响你对自己的认识？它们会对你的行为和举动产生怎样的影响？至少想出一个具体的例子，并在日记中写下来。

完成这个练习后感觉如何？你能看到，执着于自己的想法是如何加强消极观念的吗？其实是你自己给了这些想法力量，并相信它们是事实，最终影响了自己的观念和行为。

> 我很爱运动——它让我感觉良好，通常对我而言这是一种很好的缓解来自学校、朋友的压力的方式。不过，我一直对跑步望而生畏，我觉得自己没有规律地锻炼，所以很难跑好。我有这样的观念是因为我妈妈，她每天都会跑步，而我做不到，所以和她比起来我认为自己跑不好，这种想法阻止了我去尝试自己可能会感兴趣的事情。在进行这种比较时，我没能足够地信任自己，事实上，我应该可以做到定期跑步

> 的。(到现在我还没开始,不过——可以过段时间再和我确认一下。)
>
> 凯莉

正念可以帮助我们放下,不再执着于某种想法,认识到自己的想法、情绪和情感都是暂时的,这种认识蕴含着巨大的能量。

这似乎非常简单,但是在陷入困境的时候,一切都很难过去——比如"我有缺陷"或"我没有价值"的想法、孤独的感觉以及心底的疼痛。可事实上,每一种想法、情感和感觉都会随着时间的流逝而淡化,它们出现后又消失了。

如果执着于消极观念以及由此产生的想法,我们会逐渐相信它们对我们本质的定义,随之,内在自我通过外在自我展现出来。这样,由于这些可察的行为,消极观念被不断加强,并持续带来额外的痛苦。因此,我们需要与大脑建立一种不同的关系,虽然你的想法也是真实属于你的,但它并不全部由你掌控。头脑中产生的想法大多基于你的经历,尽管你可能会感觉到自己受制于这些想法,而它们基本上是完全不受你控制的。借助正念,你就不会依附于自己的想法,取而代之的是,保持与它们之间的距离,进而成为自己内心的观察者。大脑其实一直在完成历经千万年进化的使命——它试图根据过去的经验判断现状、预测危险来保护你,但它并不完美,往往过于谨慎,而这会使我们陷入麻烦,特别是在面对能够触发我们消极观念的情况或人时。

你现在相信正念能够帮助你改变同自己想法的关系了吗？你能看到你与你的心灵之间的关系，与你所经历的痛苦的程度之间有所联系吗？

消极观念会扭曲你对现实的认知。活在当下，才能够更好地看清事物的真实面貌，不会先入为主，没有危言耸听的预测，也不再有对灾难的恐惧。

当你能够和自己的想法保持距离时，就能更深入地同当下的人和事联系起来。消极观念被触发时，你会体验到很多与恐惧相关的想法，其中一些可能已经是你的"老熟人"，也可能会出现一些新内容，但也不会完全陌生，毕竟这些想法都是出于对安全的考量和受保护的需要。

现在我们来看看那些能够通过驱动无益行为强化消极观念的思维模式。

试试这样做！

在第 2 章中，你确定了与消极观念相关的触发情境、领域及类型，每次被触发，你可能都会产生相同或相似的想法。现在你需要确切地意识到它们，以便和这些想法保持距离。首先列出一些可能触发你消极情绪的典型情况或经历，它们很可能与你屡次出现的想法有关。

完成后，回顾列表并寻找特定的模式。你有所发现吗？

你能发现在特定的触发情境或经历中认同自己的想法是如何制造额外痛苦的吗？

想法就仅仅是想法而已，它并不能代表你。但我们经常会迷失在自己的想法中，特别是涉及消极观念的时候。显而易见的是，这些想法对我们的影响是巨大的，甚至可以主导我们对自己的认识，而这通常是因为我们把它们当作事实来看待了。

● 萝丝的思维模式

让我们看看，萝丝认为自己在恋爱关系这一领域被触发时，会产生的想法：

他会遇到在他眼中比我更好的人。

他会遇到比我更好的人。

他不是真的喜欢我。

他觉得我很烦人，跟我在一起不好玩。

我有很多缺点，他会觉得其他人不会像我这样。

我配不上他。

我不能，也不配维持一段长期的关系；我慢慢会露出真面目。

如果他看到比我更漂亮的女孩，就会把我抛之脑后或者不再那么在乎我了。

他并非真的想要和我出去玩，只是不得不这样做罢了。

当你读到萝丝消极的思维模式时，你能想象如果她认为那些想法就是事实，会怎样做吗？让我们以一个触发事件以及她对此的反应为例。

触发事件：乔希（她的男朋友）没有秒回我的消息。

想法：我不够好；他没那么喜欢我；他不想和我在一起了；他可能正和一个比我更优秀的女孩在一起。

行为反应：我发了一堆短信，指责他和别人在一起，不再像以前一样喜欢我了，我还取消了我们下个周末的计划。

下面是萝丝对真实情况的描述：

事实是，乔希把手机落在他妈妈车上了，而他妈妈当时正出席一场商务晚宴，所以乔希也联系不上她。当乔希拿到自己的手机，读到我的短信时，他感到震惊，并且很受伤。我们才开始约会不久，他也很喜欢我，但在那些糟糕的短信之后，他说他不想和一个如此刻薄的人谈恋爱，所以他跟我分手了。现在，我对自己的感觉更糟了，那些消极的想法显得更真实了。

很容易看出，执着于消极的想法会导致无益的行为反应，甚至会强化自己的消极信念。

现在想想遇到这种情况你会怎么做。

如果你被某一情境触发了消极观念，并且陷入了相关的思维模式，

你会做何反应？将消极想法视作事实会对你的行为产生负面影响，甚至制造更多的问题，让你自我感觉更糟。

意识到想法和行为之间的联系是什么感觉？

很可能触发情境、相关的想法和行为反应都发生得很快，几乎是下意识的行为，以至于你甚至不能充分意识到现在正在发生什么，我们的目标是怎样的。

当你能够把注意力集中在当下的经历而非自己的想法上时，你基于价值观做出行为选择的能力将会得到提升。这个转变过程中，了解触发情境中价值驱动行为的具体表现会有所帮助（我们将在第7章中更深入地讨论这一点），用这些有益行为替代目前的无益行为，自我价值感也会随之提升。

自动行为模式的开关

你可能已经认识到，在完成常规的或你所熟悉的任务或活动时，例如坐公共汽车上学、整理床铺、刷牙等，自动行为模式的开关就会打开。这些事已经做过太多次了，以至于你不会像第一次面对的时候那么投入。你能找出一些不加思考就能做的事情吗？

刚开始学车的时候，我专注于自己做出的每一个行动，开车之前检查车的情况是否一切正常，在开去目的地的过程中也会集中全部注意力。如果要左转，提前两个路口我就会观察四周的情况，充分利用后视镜和每一块车窗，在适当的时候打开转向灯，最后小心翼翼地转向。我绝对不会走神去想其他的事情，比如我到学校或到家之后会去做什么，我完全专心在自己的驾驶任务上。

开了几年车之后，我就不会对驾驶那么在意了。我开车去乔安娜（我很好的朋友）家至少有五十次了，所以对路线非常熟悉——我甚至能在没有数字显示的情况下知道红绿灯各持续多久。最近一次，到她家门口把车停好后，我才意识到自己并没有清醒地知道自己全程都在干什么。

我想当然地觉得自己已经非常了解这条线路了，以至于没有集中精力开车。我甚至都不记得我当时在想什么了，这让我感到不安——万一有紧急情况发生怎么办？当然，我很庆幸自己安全地到达了。但我下定决心，开车回家的时候，我会特别注意路上的情况。

凯莉

现在，想想最近某件需要你真正地集中精力才能完成的事，可能是学习某种运动或参加比赛，和陌生人交流、共事，或是去到一个从未听说过的地方。这些新奇的体验需要你把更多的注意力集中在当下，这样你会很清晰地保持对这件事的记忆，也会更加投入。

> 最近，我的好朋友艾琳把我介绍给她的一个朋友，我听说过她，但以前没见过面。我很容易习惯性地和同一群人在一起玩，不会主动地走出舒适圈，所以我很开心能认识新朋友，有敞开心扉的机会。和那个女孩一起吃午饭的时候，我意识到自己不能用和已经非常熟悉的朋友的交往方式对待这位新朋友，我们两个以前都没见过，我应该更用心地和她接触。我把所有的注意力都集中在了我们的互动上，不管手机在嗡嗡作响，也没意识到马上要参加西班牙语考试了。我很享受和别人在一起而不去想别的事情的状态，这种感觉真的很好！
>
> 凯莉

正念练习

正念练习可以训练你放下自己某些想法的能力，无论这种想法让你微笑还是眉头紧皱，让你舒心还是难过，你都要让它过去，不要执着于它。你可能会想知道，为什么不能保持一个会让自己感觉良好的想法。这听起来不错，但问题是，我们会同样轻易地依赖一个糟糕的想法，特别是消极观念被触发的时候。因此，我们要练习不去依附任何想法。

现在向你介绍一些正念练习，这些练习有助于训练你将注意力集中在当下。记住，这并不容易，而且需要充分的实践练习，所以如果它比你想象的花费了更多的时间，不要对自己做出消极的评价。

试试这样做！

这项练习用于客观地观察你所处的现状是什么样子，进而不受消极观念的影响。它使你有足够的时间了解自己的想法和感受，确定它们到底是什么——它们只是短暂的体验，不涉及行为反应。先阅读这个练习，熟悉一下，再试一试。

> 闭上眼睛，深呼吸……注意体验呼吸的过程。如果可以的话，去感受气息经过鼻腔后部，沿着喉咙后部向下时的凉爽感……注意肋骨扩张的感觉，空气会涌入肺部……意识到膈肌正随着呼吸而伸展，以及呼气时的那种放松感。继续感受自己

的呼吸，让注意力沿着空气流动的路径……吸入，呼出……吸入，呼出。呼吸时，你会注意到其他体验，你可能会遇到一些想法，当一个想法出现时，就告诉自己说，"这是一个想法"，然后给它贴上"想法"的标签；如果你遇到某种感觉，无论它是什么，都告诉自己说，"这是一种感觉"，然后给它贴上"感觉"的标签；如果你注意到一种情绪，就告诉自己说，"这是一种情绪"，然后给它贴上"情绪"的标签。不要抓着任何东西进行体验，就只是给它贴上标签，然后放走它，等待下一次体验。你仅仅是在观察自己的思想和身体，给想法、感觉和情绪贴上标签。如果某件事让你感到痛苦，单纯标记一下"痛苦"即可，继续对接下来出现的事情保持开放的心态。持续地关注每一次体验，无论它是什么，给它贴上标签，让它过去，然后对下面的体验保持开放的心态。

让这一切都在你的观察中发生：想法……感觉……情绪。这一切只是天气，而你是天空，它们只是路过的天气……观察……贴上标签……然后放手。

再静静地冥想两分钟，最后睁开眼睛，将注意力转移到周围的环境中。

我们希望你每天都做一次这样专注的正念练习，这样你就可以舒适地观察自己的内心体验，而不会产生任何的行为反应。留心并保持对当前体验的注意，就可以与过去的体验保持距离，这使你能够灵活地应对每种情况，而不是以同样的方式看待每个触发你消极情绪的事件，并以同样无益的沟通方式和行为做出反应。仅仅是观察当前的体验以及伴随而来的情感痛苦，不要加以判断，也不要试图阻止或避免此刻正发生在自己身上的事情。借助这样的距离，你可以对现在的体验保持好奇和开放的态度，你会看到更多的行为选择，面对相同的想法、感觉和情绪，你可能会做出不同的反应。

● **更加了解当下的体验**

正念活动可以帮助你专注于当下的感官体验。正念能够培养观察每时每刻的能力，它不仅仅是观察自己内心的体验，还可以通过日常的活动进行学习。你可以有意识地完成这些任务，而不是做出下意识的反应。在想法出现的时候，你可以把它们记下来，然后把注意力重新集中到你的五种感官上。

以下是一些我们建议的正念活动，你可以把自己喜欢的活动添加到其中。

饮食正念。我们建议在早上喝咖啡或牛奶的时候进行这个活动，但你也可以选择任何时候。在你享用自己最喜欢的饮品时，请注意你口中的液体，它的温度、气味、口味、液体流经咽喉和胃部的感觉，以及杯子的重量和温度，感受每个方面。

> 最近有人告诉我，要在用餐的过程中更多地去体验正念。通常，我吃饭的时候会看电视或是在手机、电脑上刷新闻，而不会专注于吃饭这一身体行为。最近，我一直努力尝试吃饭的时候就只吃饭——把手机和电脑放在一边，专注于享受美食。这很有帮助，因为我有固定的时间可以远离电子产品，而且我也更清楚自己吃了什么，吃了多少。
>
> 凯莉

洗浴正念。这是一个很棒的活动，因为你的整个身体都会体验到几乎所有的感觉。注意水的温度、水接触皮肤时的感觉、肥皂或泡泡接触皮肤的感觉、肥皂的气味、水的声音，尝试体验每种感觉。

运动正念。我们很推荐这种正念活动，因为有很多事情需要察觉：双脚接触地面时的压力、呼吸的声音、空气中的味道、人或汽车从身边经过时的噪声、移动胳膊和手掌的感觉，尽可能注意到自己所有的感官体验。

正念活动的目标是保持自己的感官体验，当想法突然出现时，不要与之抗争，只需要承认它们，然后把注意力集中在自己的五感上。

每天完成一项或多项正念活动能够增强自我观察的能力，帮助你时刻注意到自己的体验，不加评判地接受它真实的样子。这些活动不需要花费大量的时间，只是提供短暂的机会，让你练习活在当下。

这里还有一些其他的正念活动：拼拼图，数字绘画，或者用铅笔、记号笔或蜡笔涂色，还可以尝试做针线活，编织正念现在也很流行。选择你喜欢做的事情，这样就可以更频繁地去练习。

> 寒假期间，我在家看到妈妈正在拼拼图，练习正念。一开始，我不敢尝试，因为这看起来很困难，而且我也不确定自己能不能长时间地保持专注而不放弃。过了一段时间，我和乔安娜在她家里找到了一个拼图，并尝试了一下。我一下就喜欢上了这种感觉——我可以把身上的压力抛之脑后，专注于目前的活动。此外，成功拼好的时候，我们感到非常自豪，很有成就感！我还在自己的Instagram上发了成品的照片。
>
> 凯莉

● **感恩的作用**

当你遭遇困难，被各种各样的困扰和痛苦的情感体验所吞噬时，你就很难把注意力集中在生活中的美好事物上。你欣赏什么？又感激什么？这听起来甚至像是一种荒谬的自我安慰策略。但有很多证据支持感恩的积极作用——在你陷入困境，认为身边的一切都在与你作对时，这种作用就更明显了。

最近在工作中，我和一个我自认为我们是朋友的同事一起聊天。他看起来特别沮丧，以至于很难进行正常的交流，所以我把他带到一边，询问他最近过得怎么样，他说他和女朋友最近分手了。当他开始聊这件事的时候，我可以看出他非常不知所措，并且心烦意乱。他告诉我说一切都很糟糕，他很不开心，还说了很多诸如此类的话。我表达了对他痛苦感受的共情，接着问他寒假和家人一起过得怎么样，他回答说很不错；我又问他朋友们怎么样，他告诉我假期的时候很想他们，能回到学校和他们在一起很开心；我问他工作找得怎么样了，他告诉我刚刚得到了一份令他兴奋的工作。我们继续谈论他生活中发生的所有好事，我提醒他那些应该去感恩的事情。之后，当我觉得生活中的某件事情对我产生了消极影响时，我就会想到这种互动，它提醒我在困难的时候，应该去想想生活中令人兴奋和值得感激的事情！

凯莉

感恩是一种天然的"抗抑郁药"，尝试发现更多值得感激的事情，能够促进多巴胺和血清素的分泌。这是一种自然的方法，但也可以获得一些与处方药相同的效果——而且没有副作用。练习感恩的次数越多，激活的神经回路也就越多，神经回路变强，我们的注意力也会随之增强。

这意味着我们能够对抗自己天生的消极偏见，转移注意力去寻找更正确、更该做的事情。随着时间的推移，大脑会得到训练，去寻找更积极的东西，而不是寻找问题或出错的地方。练习感恩的另一个好处是，它使我们更多地关注当下。

试试这样做！

把注意力集中在当下，以及生活中积极的方面，通过提升幸福感来获得短期或长期的益处。

每天都完成以下练习，用你喜欢的、舒服的方式去记录，用这些句子作为感恩某件事的提示。

你可能会发现自己好几天都在写同样的东西，这没什么，你不需要每天都尝试不同的事情，但你可以试着去感受，即使是小事情也能给自己的一天带来很大的变化。通过关注积极的一面，可以把注意力从那些强化消极观念的事情上转移到那些让你感觉更好、会改善生活的人和事上。

①我写的是：

#1

我非常感谢：支持我的、关系亲密的家人。

我能做的是：努力维护自己和兄弟姐妹、爸爸妈妈的关系。

我想到它时，会感觉：现在很满足，也为我们一家人的未来感到兴奋。

#2

我非常感谢：我的身体——锻炼、运动和付出的汗水。

我能做的是：照顾好自己的身体——好好休息，好好吃饭——来保证它做好能做到的一切。

我想到它时，会感觉：为自己的成就感到骄傲。

#3

我非常感谢：我所受到的教育。

我能做的是：努力地学习和工作，充分利用自己得到的机会。

我想到它时，会感觉：作为一名受过良好教育的大学生，我很庆幸能得到现在拥有的一切。

> 说真的，我很喜欢感恩练习。在那些比较难的日子里，我每天醒来都要去想一件为自己感到自豪的事情，一件真正擅长的事情，以及这些事能够怎样在今天为我服务，这有助于我以积极的态度和高效的方式开始新的一天。
>
> 凯莉

我们已经要求你花一些时间去意识到自己的消极观念，以及那些会强化消极观念的行为，以便你能更好地清除障碍，克服消极观念，避免这些行为。现在，你可能感觉自己把更多的注意力放在生活中产生消极影响的事情或人身上，所以，让我们花一些时间，好好想想那些在过去或当下对你有积极影响的人。可能是你从未感谢过的人，也可能是你想更具体地感谢的人，或者可能是你每天都能见到的人。你不需要真的把感谢信寄出去，研究表明，单单是写这封信的过程就已经会增加你的幸福感了。

试试这样做！

为那些给你生活带来快乐的人写一封感谢信，完成之后，反思一下这个过程，并把整个体验记录在日记上。写作的过程有没有让你觉得更好？

在过去的一年里，我十分感谢一位朋友，所以在学年结束时我打算给她写一封信，表达我对她个人以及我们友谊的感激之情。我本可以很容易地把这些话以短信或Facebook消息的形式发出去，但我又很想邮寄——用一种传统的方式会有特别的感觉。我拿出文具盒，找到一支漂亮的墨水笔，记录下我们的友情以及在一起时点点滴滴美好的回忆。这使我感觉很快乐，而且对她更感激了。最后，我兴奋地在信封上写上地址，把它放到了邮箱里，这个过程使我充分地感受到了自己的情绪和我生活的状态。

凯莉

写在最后

　　正念和自我关怀一样,都是改变游戏规则的存在。当你沉浸在自己的体验中,不加评判地观察想法、情感和身体感觉时,你就能更好地接受有关自己的一切。这将使你做出符合自己价值意向的选择,而不再做出强化消极观念的行为反应。正念的练习将帮助你避免陷入对过去的悔恨,或对未来的恐惧和担忧之中。没有了这些干扰,你就能更好地意识到自己生活中值得感激的事情。

　　在下一章中,我们将更仔细地研究自己的情绪,特别是我们与自己情绪的关系,以及如果我们放任它们,会对自己的行为和观念产生哪些消极影响。

CHAPTER 6 我与风暴中的情绪

情绪中蕴藏着一种强大的力量，能够为想法和行为提供动力。在你的成长过程中，可能已经听到过很多有关情绪的说法——哪些情绪是可以接受的，哪些不能。对于情绪，我们都会判断，认为情绪有好坏之分，或者认为一些情绪比其他情绪更容易忍受。你看过2015年的动画电影《头脑特工队》吗？这部电影向我们很好地展示了所有情绪的重要性，但考虑到影片的时长，导演只选择了5种情绪——愤怒、悲伤、喜悦、恐惧和厌恶。在我们谈论消极观念时，肯定会将恐惧看作一种主要的情绪：害怕别人发现我们的缺点，害怕被拒绝，害怕失败，害怕做得不够好。情绪引导着我们与他人的互动，影响我们看待过去和当下的方式。这意味着我们的感知会被当时情境下存在的情绪影响甚至是扭曲。消极观念被触发时，情绪会接管并劫持你的大脑，即"杏仁核绑架"（杏仁核位于大脑的边缘系统，由于青少年时期前额叶皮质还没有发育完全，所以杏仁核在这一阶段更为活跃，这也解释了青少年更容易情绪化的原因）。

你对自身的消极观念往往会导致你隐藏或拒绝展示自己不愿被别人看到的一面，或者加剧你对自己更糟糕的感觉，其中很可能包括情绪。

这在一定程度上解释了为什么我们很难忍受某些情绪。很多时候,我们并没有被鼓励去表达自己各种各样的情绪,如果我们表达了,反而会感到羞耻。我们中一些人的父母不善于表达情感,导致我们很难真正学会如何识别、处理和以健康且有效的方式表达情绪,甚至可能会把对情绪的排斥内化为对自身的拒斥。总的来说,情绪不好的时候,我们也会变得不好;听到某种感觉不要紧的说法时,我们会理所当然地认为自己也不重要。如果总是排斥自己的某些情绪,我们会感到空虚,无法应对情绪上的痛苦。

  本章将解释情绪的力量——特别是消极观念的触发事件、人和情境所导致的负面情绪。更深入地了解当前情绪的变化以及如何忍受这种不适,会使你更容易采取符合价值意图的行为。

> 我发现有一种情绪特别难处理,就是压力。当我对某件事感到有压力时——比如学校作业或考试,或有关家人、朋友的问题,我很难从这种感觉中抽离出来。我觉得压力影响了我生活的方方面面,在朋友和同龄人也都在面对相似事情的情况下,我很不好意思承认自己十分紧张、不堪重负,而且他们看起来都能很好地控制压力,或者至少比我做得好。
>
> 凯莉

管理由特定触发因素引发的强烈情绪是非常具有挑战性的。当你的负面情绪被触发时，你的威胁响应机制会产生一种强烈的冲动，让你采取行动来摆脱这些观念。你体验到的焦虑是一种生存功能——面临威胁或危险的情况时，根据具体情况，你会进入战斗、逃跑或僵在原地的模式，而这种高度的焦虑反过来又会进一步激活恐惧。虽然焦虑和恐惧的体验往往同时存在，但它们是两种截然不同的情绪，焦虑让你为将来可能发生的事情做好准备，而恐惧是对威胁或危险的直接反应。你可能很熟悉身体上的这些反应——心率加快；手脚冰凉、刺痛或麻木；呼吸逐渐急促、吃力，像有人压在胸口一样喘不过气；口干舌燥；胃部不适。你渴望立即采取行动，来摆脱威胁以及不舒服的情绪和感觉。

在进化的过程中，很多情况下这种冲动都是适应性的。当你面对一头狮子时，只有两种结果，干掉狮子或者成为食物；对应到现实的一个例子是，为了避免撞上疾驰而来的汽车而猛打方向盘急转弯。但消极观念被触发时，我们难以忍受所体验到的情绪，依然觉得自己需要迅速做出反应来消除威胁，否则就会面临生命危险，即使事实并非如此。

情绪"失明"

感知到这些无法忍受的情绪并理解它们的作用是学习如何处理这些情绪的重要一步。为了充分体验生活，我们需要所有这些情绪，所以有必要学习应对它们的方式。虽然不好的情绪有时会让自己状态不佳，但它们不是问题的根本所在，我们对此做出的反应才是问题的关键。当你的消极情绪被触发时，会产生一个情绪风暴，让人感到难以承受，这种情绪风暴常常使你对周围的一切都视而不见。

想象一下，暴风雪期间，你只能看到白茫茫一片，这些白色反光会导致你暂时性失明。你可能看到过这样的新闻画面：人们在能见度很低的情况下继续开车——汽车冲出马路，还可能导致连环车祸。当我们被情绪蒙蔽时，类似的事情也会发生。

当你的消极观念被触发，你被情绪和相关的想法、感觉淹没时，就会出现情绪的"失明"——你对当前的情况视而不见。与此同时，你有一种迅速做出反应的冲动，就好像自己在面对必须立刻解决的威胁。然而，短时间内你很难看清事情的原貌，这些强烈情绪体验导致的行为反应往往起不到作用，反而会让你对自己感觉更糟。

● **卡丽的故事**

让我们以卡丽的故事为例，看看处理情绪不当会产生什么样的影响。

大一的时候，卡丽和一个很亲密的朋友安东尼娅住在一起，现在她们大二了，也不住一起了，所以她们之间的关系以及互动的频率都发生了变化。对于卡丽来说，她觉得和安东尼娅在一起的时间变少了，所以很难充分地向安东尼娅表达自己的需求和情感。以下是卡丽在她感觉安东尼娅太忙以至于没时间和自己在一起的这段时间里，产生的一系列感受。

- ◆ 因为我们几周没在一起而不安和难过。
- ◆ 感觉我们不再像以前那样亲密了。
- ◆ 她在忙的时候不想办法来看看我,我感到很不高兴。
- ◆ 怀念我们之间的美好时光,但不知道该怎么挽回。
- ◆ 难以克服的孤独感。

卡丽并没有向安东尼娅充分表达这些感受,但显然,她的沮丧以及一系列的情绪正在积聚,这段经历触发了她的消极情绪,让她认为自己不够好。最后,卡丽和安东尼娅一起制订了一个共度美好时光的计划——不仅仅是在校园里见面,那天晚上,她们还计划去看电影,再去打卡一家新的餐厅,但安东尼娅还必须得完成一些马上就要交的作业。卡丽认为这又是一个迹象,表明对安东尼娅来说,一切事、任何人都优先于她和她们的友谊,她的情绪正像风暴一样在积聚。一见到安东尼娅,她就激动不已、不知所措——她已经情绪"失明"了!她看不到、听不到也意识不到到底发生了什么,她怒斥安东尼娅,说安东尼娅实在是糟糕透了,自己不再想和她做朋友了。

卡丽只用了几分钟就毁了她们的友情,在那一刻,她觉得好多了,因为她释放了自己所经历的所有痛苦情绪。安东尼娅惊呆了,她感到非常难过,甚至怀疑卡丽服用了什么兴奋剂之类的精神类药物,或者是吸了毒,因为她的行为完全不是自己之前熟悉的那样,安东尼娅试图和卡丽讲道理,但她完全听不进去。

第二天早上,情绪风暴过去了,卡丽也冷静下来,清楚发生了什么事。下面是她写的内容:

- ◆ 我感觉很糟糕。（每次情绪爆发后都会这样）
- ◆ 我很后悔对安东尼娅说了那样的话。
- ◆ 我难以进行适当的沟通，这让我感觉自己很失败。
- ◆ 希望这一切都不曾发生。
- ◆ 我打退堂鼓了，想躲起来；我很难面对她，更别提开口和她说话了。
- ◆ 我没办法为自己的行为给出任何合理的解释，这让我觉得自己有缺陷。
- ◆ 我感到孤独，并想要封闭自己，只想躺在床上。
- ◆ 我对自己如此恶劣的表现感到非常羞愧。

我们都会有类似的经历，对某个人或某件事的反应非常过激，这往往发生在我们难以意识到自己当下体验的时候。从卡丽的日记里可以看出，这让她感觉更糟了，还强化了她的消极观念。

试试这样做！

现在，你是否能回忆起至少一次经历，像上述的那样导致自己情绪"失明"？是有明确的事件触发了你的情绪，还是突然发生的？对此你有什么想法和情绪？做出了什么行为反应？结果如何？第二天，当情绪风暴过去之后，你感觉如何？把这些记录在日记中。

对触发你消极情绪的情况或人的快速反应是一种本能，可以帮助我们应对威胁和伴随而来的痛苦情绪，它会在短期内起作用，但会产生长期的消极影响。你是否能够意识到情绪化行为的短期作用（如，释放痛苦的情绪）和长期后果（如，伤害他人、破坏关系）？

以逃避的方式应对消极观念

另一个摆脱痛苦情绪的策略是逃避它。你如何看待问题、困难或挑战很大程度上取决于你如何看待自己。当面对缺陷和不完美时，你可能会迅速责怪自己，也许你会产生这样的想法："如果我没有这样的缺点，就不会有这个问题。"你可以看到某些挑战或问题是如何触发消极观念的。通常情况下，这导致你回避可能触发消极观念的情况。随着时间的推移，你可能发现自己在逃避生活的方方面面，只要每次接触到它，都会产生不好的感觉。你能想到因为不想让自己感觉很糟而回避的情境、地方或人吗？在日记中记录下来。

> 一开始，我很喜欢在排球队训练，穿着队服，学习各种新的技巧，认识队里的女孩们，对比赛充满热情，这些都让我感觉很棒。然而，过了一段时间，我开始觉得自己的技术进步不如其他队友快。我们都从初学者开始，但现在有些女孩已经打得非常好了——可以用上手位发球，而且也经常扣

> 球，但我还在摸索的过程中。没有她们打得好这件事，让我感到十分尴尬和自卑。所以我留在球队，但心不在焉，我会找借口不去做某些练习（因为我觉得自己做不好），我也会选择坐在替补席上，鼓励其他队友去打我的位置。有一天，我在练习中扭伤了膝盖，之后疼了好几天，我决定休息几周。这样，我就不会在练习中感到尴尬了，我可以回避打排球了，也不需要向其他人承认我不打排球是因为对自己感觉很糟。
>
> 凯莉

在第 2 章中，你确定了帮助自己应对不足感、无价值感和缺陷感的行为，我们暂且假设你认为逃避也是其中一种让自己感觉更好的行为。之后，在第 3 章中，你确定了自己的价值观——对你来说真正重要的是什么。在这个过程中，你可能已经认识到逃避对自己生活的负面影响，以及它是如何阻碍你过上符合你价值观的生活的。在短期内，忽略或避免一些可能触发消极观念的事件会让你感觉更好，无论你的逃避方式是不去浏览电子邮件、忽略短信、错过截止日期还是避免与某人交谈，结果都是相同的：你可能在那一刻感觉更好，但通常会使问题恶化，反过来又使自己的感觉更糟。这些策略往往会强化消极观念，而我们需要做出改变。这就是为什么我们要关注价值观，引导行为为价值观服务，而不是放大恐惧和消极观念。

到目前为止，我们一直在谈论与消极观念有关的情绪——羞耻、疼痛、悲伤、孤独、愤怒等。当我们体验到这些情绪时，我们会感到痛苦，立即采取行动来应对是一种很自然的冲动。随着时间的推移，我们会发现这些行为会带来更多的痛苦，我们也就知道了它起不到作用。那么，什么能起作用呢？解决办法就是改变我们对待痛苦的方式。

在本章的开头，我们谈到了电影《头脑特工队》。在这部电影中，我们发现没有悲伤就无法体验到快乐。事实上，我们所有的情绪，不管是好的还是坏的，都在生活中发挥着重要的作用。同样重要的是，我们也不能消除那些不喜欢的情绪，我们必须要体验痛苦，否则就体验不到快乐。当我们接受痛苦的情绪是人类经历的一部分时，我们就可以停止与之抗争。如果你不对抗它，就不会制造更多的痛苦。如果接受痛苦和困难的情绪也同样是人类经历的一部分，我们就可以停止与之抗争。如果你不再与之为敌，也就不会再创造更多的消极情绪。

那么，什么是我们无法控制的呢？我们无法控制自己的想法、感觉、冲动和欲望、情绪以及他人的行为。我们能够控制什么？我们可以通过控制自己的行为，来应对所有无法控制的事情。这有道理吗？当你知道自己在生活中可以控制什么时，你会感到更有力量吗？

> 这一点真的引起了我的共鸣，对我来说，区分出自己能控制的事情是很重要的。有时我希望自己能控制别人的行为，但事实上，我无法控制朋友们的行为，这让我很沮丧，尤其

> 是她们的行为让我感到烦躁的时候。但当我专注于自己能做的事情时，确实感觉好多了。虽然我可能无法改变朋友的行为，但我可以告诉她，她的行为会让我产生怎样的感受，比起对自己无法控制的事情感到沮丧，这会让我感觉更有成就感。例如，我的一个室友（我的好朋友）非常邋遢，有时我可以忽略她脏兮兮、乱糟糟的盘子，但其他时候——特别是我学习压力很大的时候，这些就真的让我困扰。我很生气，也希望自己能让她变得干净一点，但不管我们讨论过多少次，她的行为都没有真正发生过改变。尽管我认为和她分享我的感受很重要，但我要做的另一件事是集中注意力在我自己的空间里，这会让我感觉好很多，我会走进我的房间，整理好自己的空间，在里面找到一些安慰。
>
> 凯莉

我们会听到很多说法，这些说法给我们一种印象，就是我们可以控制自己的内心体验，就像控制环境中的东西一样（例如，如果你讨厌一件衬衫，就可以把它扔掉或送人）。我们会听到像"冷静""不要担心""不要悲伤""振作起来""镇静点"之类的话。小时候，你可能学会了不要去碰火炉，否则会被烧伤，所以以后都会避开火炉。这是件好事，这样的经历会使我们相信，通过避免会引起疼痛的事情来得以摆脱痛苦是有道理的。所以，在某种程度上，你可以逃避，但通过第3章的学习，你可能会发现这样做的话，最终你会错过生活中对自己很重要的部分。

恐惧情绪与我们的消极观念有关，让我们来更仔细地研究一下恐惧。这里有一个简单的思维实验（使用想象力去进行的实验），可以帮助你通过尝试控制情绪来理解问题。

如果我告诉你，马上就会有一头狮子闯入房间，而这头狮子只捕食那些表现出恐惧或试图逃跑的人。并且，这头狮子非常敏感，它能够察觉到你最轻微的恐惧，只要你不害怕也不试图逃跑，你就完全安全，狮子不会吃掉你；但如果你表露出哪怕一丝恐惧或试图逃跑，狮子就会注意到这一点并把你吃掉。

会发生什么呢？开始你可能会感到害怕，但你能控制这种恐惧吗？你能让自己不害怕吗？拔腿就跑怎么样？你觉得你能控制自己逃不逃跑吗？你也许能阻止自己逃跑，但能以同样的方式阻止自己感到害怕吗？

现在想想，如果我告诉你只要你抚摸狮子，它就不会吃掉你，会发生什么？你会怎么做？你可能会开始抚摸它，对吧？如果我告诉你只要你喂狮子，它就不会吃你呢？你会怎么做？你可能会给它一些食物。这里的重点是，控制自己的行为与试图控制情绪有很大的不同。想法、感情和感觉不像世界上客观存在的物体，我们无法改变和控制它们。

改变和控制行为与试图改变内心体验是非常不同的，我们不能像对待物体那样对待自己的内在经验，这根本行不通。我们的想法、感觉、情绪、冲动和记忆都在体内，我们无法逃避。

每个人都会经历痛苦和折磨，在某些时候，会感到失望、害怕被批评、孤独或悲伤。你是否曾尝试过抹除某种情绪？你是否能让某种想法不再出现在自己的大脑中？似乎你越不想要这些体验，就会经历越多，越是试图压制伴随消极观念而来的痛苦，或者强行把它推开，它就会变得越强烈，越让你感到痛苦。尽管你努力控制自己，但这实际上只会进一步强化你的消极观念。

现在，我们希望你找出自己试图回避的想法和感觉。是否在某些情况下，你试图避免这些想法或感觉，却阻碍了你做一些对自己来说很重要的事情？这是否妨碍了你践行自己的价值观？列出这些，并描述一下这如何限制了你为过上更有意义的生活需付出的努力。

现在，在便利贴的一面，写下你试图摆脱或回避的想法或感觉，在另一面，写下因为逃避导致你无法追求和体验的生活领域和价值观。想象自己把这张便利贴扔掉，就能摆脱那些痛苦的想法和感觉。你能意识到自己正在放弃什么吗？

● 凡妮莎的经历

凡妮莎一直害怕尝试新事物，她对自己的生活很满意，她不喜欢走出舒适圈。周中，她去上学，参加体育锻炼；周五晚上，她和两个最亲密的朋友一起去商场——她们在 Chipotle 快餐店吃饭，然后看电影。最近，她的一个朋友赛琳娜在学校里和一群新朋友一起玩，她邀请凡妮莎和另一个朋友周五晚上一起去新朋友家，就不去看电影了。起初，凡妮莎感觉自己被冒犯了，觉得赛琳娜选择了其他朋友而不是自己。凡妮莎表达了自己的感受，赛琳娜回应说，她真的很期待把新朋友介绍给老朋友，而且这会是一个很好的机会。凡妮莎告诉赛琳娜，她们应该换个晚上，因为周五是电影之夜，赛琳娜难以理解凡妮莎的固执，最终凡妮莎在家里度过了周五的晚上。

下面是凡妮莎写的卡片：

我正逃避的：遇到新朋友和尝试新事物时感到的不适
我的价值观：做一个好朋友，维护我们的友情

当凡妮莎选择退出赛琳娜的计划时，她逃避了走出舒适圈带来的不适，但她也失去了与朋友按时见面和结交新朋友的机会。你能看出凡妮莎的回避是如何使她背离了自己的价值观吗？

情绪上的痛苦驱使我们做出无益的应对行为，你受伤了，但你不想受伤，所以通过一些反应来消除痛苦。

你已经知道这些行为不能消除你的痛苦，反而会增加你的痛苦。你无法摆脱痛苦的情绪或消极的想法——它们总是会冒出来。那么，当痛苦情绪浮出水面时，你是如何处理的呢？你要学会一些接受它们的策略，你可能会想，既然消极情绪会带给你痛苦，你为什么还是要学会接受它们呢？

首先，让我们看看当情绪从触发它的情境或互动中浮现出来时，会发生什么。你会产生强烈的感觉，这种感觉是痛苦的，并且可能会让你想起自己以前经历过的相似的痛苦。突然间，你陷入了情感"失明"，

什么都看不见了,反应方式已经不受控制,但这种反应也是无益的,并会让你感到自我挫败。当情绪风暴平息后,你会发现自己的反应带来了额外的问题。正如我们已经说过的,你无法摆脱自己的情绪,但你可以学会忍耐和管理它们,让我们来看一看。

容忍和管理情绪

有时,我们会通过一些行为让自己沉浸在让我们陷入痛苦的情绪中。大多数情况下,我们很难意识到这一点,因为这已经成为一种下意识的反应。我们的生存本能促使我们去做这些行为。有三个因素会让我们的情绪持续下去:

1. 沉思——你反复思考同样的痛苦经历。
2. 逃避——你不面对、不接受这种情绪的真实面目。
3. 情绪驱动的行为——你会产生挫败感,做出伤害自己或他人的行为。

你是否能识别使自己痛苦情绪持续的行为?记录在日记中。

让我们看看肯尼迪写的：

> 小时候，我出了车祸。虽然没有受重伤，但这个经历非常可怕，我经常做噩梦，这就是我不喜欢坐车的原因。幸运的是，我们住在一个小镇上，走路上下学对我来说很方便。但有些地方我是不可能走过去的，这种情况让我非常害怕，我一直想起那场事故，忍不住在脑海里一遍又一遍地回想那天的场景。不断回避那些会引发恐惧的情况限制了我的生活和人际关系，而且这让我对自己感觉更糟，对自己结交新朋友和尝试新事物的能力缺乏信心。

处理困难情绪的关键是选择一种不会让自己的感觉、境遇或人际关系更糟的行动或行为。痛苦耐受（指忍受消极情绪带来的不适，并能够从中汲取力量，是一种心理承受能力）是一种技能，它可以帮助你做出不会产生额外后果的选择（你可能听说过认知行为疗法CBT。痛苦耐受是在一种特殊类型的CBT中学习到的技能，这种疗法被称为辩证行为疗法DBT，由心理学家玛莎·莱恩汉提出）。首要的目标是让你度过情绪"失明"期，且不会让情况变得更糟。我们在前几章中已经讨论过这个问题，这里要重申一个事实，那就是所有的想法、情绪和感觉都是暂时的——它们会随着时间的推移而流逝，并不是永久性的。要记住，当你体验到不好的情绪时，会感到一种强烈的冲动，想要迅速摆脱它们，在短期内似乎很有效，但往往会引起更多的问题。

意识到自己如何应对痛苦的情绪和情况，将有助于在未来做出更好的选择。被特定的环境或场景触发时，体验到的情绪往往会让你感到难以承受，当然，你的本能冲动是尽快地摆脱它们。让我们看看你的反应是如何导致更多问题的。（改编自麦凯等人的《辩证行为治疗技巧手册》*The Dialectical Behavior Therapy Skills Workbook*，2007年出版）

以下是我们在面对痛苦情绪时倾向于采取的行动，以及采取这些行动所付出的代价。当你确定哪些与你有关时，不要评判自己，练习自我关怀，并记住这些反应在短期内是有意义的。

行为：责备、批评、诘难或抗拒他人
代价：失去友谊、爱情和家庭关系；人们躲避你；伤害了他人的感情

行为：看起来很顺从，但却通过拖延、抱怨、迟到或表现不佳来反抗
代价：忍受不健康的人际关系；在学校、工作或家中造成问题

行为：通过控制别人来达到自己的目的
代价：疏远别人，让他们痛苦

行为：试图给别人留下深刻印象并引起他人注意
代价：难以与人建立真正的关系，并被疏远

行为：操纵、剥削或引诱
代价：破坏人际关系，造成不信任，疏远他人

行为：孤身一人、"社恐"、与他人断绝联系

代价：错过潜在的愉快体验和美好事物，感到抑郁、沮丧和孤独

行为：过度自主、独立；或单独从事活动，如阅读、看电视或玩电脑

代价：花费更多时间独处，感觉更抑郁、与人疏离和孤独

行为：通过强迫行为、冒险或体力活动寻求刺激或分散注意力

代价：出现健康问题、人际关系问题，还会感到羞愧

行为：通过药物、酒精和食物寻求刺激

代价：产生依赖和成瘾行为，出现人际关系问题，并影响健康

行为：通过分离、否认、幻想或其他形式的退缩来逃避

代价：在孤独和羞耻的感觉中挣扎

行为：过分依赖他人、妥协、不独立、被动、回避、讨好

代价：对人际关系的需求过重，却得不到满足

在日记中，列出任何其他的行为及其代价。

试试这样做！

在日记中记录你应对消极情绪的行为及其产生的代价。

还记得之前提到的卡丽吗？她和朋友安东尼娅产生了消极的互动。下面是卡丽写的：

> 我一直在责备和批评安东尼娅，我太依赖她了。这损害了我们的友谊，使她不堪重负。

卡丽能够认识到她的行为以及这种行为带来的后果，在这之后，卡丽在处理困难情绪时可以更有意识地采取行动。

痛苦与折磨

我们已经讨论过人生中不可避免的痛苦。它是人类经验的一部分，是无法回避的。通过之前的练习，你已经知道了那些你自认为会消除痛苦或从中摆脱出来的行为所带来的后果，但这些行为会导致更多的额外的痛苦。想象一下，如果我们可以消除生活中这种额外的痛苦，听起来是不是很棒？虽然我们不可避免地要经历痛苦，但通过选择应对的方法，可以规避额外的痛苦。通常情况下，由于是我们自己的行为所导致的，我们会选择默默忍受这种额外的痛苦。当我们试图消除生活中的痛苦和苦难时，我们的行为反而会带来更多的痛苦。

既然你知道可以选择摆脱额外的痛苦，那么你需要一些工具并以全新的方式处理自己的痛苦。你需要用健康或有益的行为来取代有害的行为，需要采取一些行为来帮助你度过情绪"失明"期——那些被情绪淹没，无法做出理性的、有益的选择的时刻。

● 分散注意力的活动

分散注意力的活动是有用的，因为它们会让你保持忙碌，直到情绪风暴平息。你能够借此与触发消极情绪的事件、情况或人保持一定的距离。这不是试图逃避自己的情绪，而是将自己带去一个能做出明确判断的地方。分散注意力的活动是一种安全措施，可以防止你做出不健康或有害的行为。之前我们谈到了暴风雪时新闻上看到的多车连环相撞事故。大多数情况下，这是由于人们视线受损或在能见度有限的情况下继续驾驶而导致的。如果他们意识到这种情况不利于驾驶，而且可能有害，立即停止驾驶，就可以避免连环撞车。分散注意力的活动是最小化或避免任何额外问题（额外痛苦）的一种方式。

> 当我感受到一场情绪风暴袭来时，我会尽最大努力在身心上与之保持距离。当然这说起来容易做起来难，但对我来

> 说很有效的一种方式是,首先从身体上把自己从让我不安的情况中移开,如果涉及另一个人,我会礼貌地请求原谅,然后去一个能让自己冷静下来的地方。我避免了和另一方的肢体接触,随之在精神上也保持了一定的距离。
>
> 凯莉

下面是建议的一些活动,以此为灵感,尝试最适合自己的方法。

体育活动除了能分散注意力外,还能提供内啡肽,这是一种天然的止痛药和抗抑郁药。以下的部分清单是为了给你一些启发,标记出你感兴趣的活动吧!

跑步	游泳	散步
背包旅行	远足	团队运动
骑行	高尔夫	排球
跳舞	动感单车	网球
划船	篮球	普拉提
保龄球	瑜伽	滑雪
拳击	举重	钓鱼
水中有氧运动	农活或园艺	跆拳道
足球	飞盘	长曲棍球
手球	壁球	桨板划船

骑马	滑冰	水球
攀岩	武术	旱冰
跳绳	轮滑	皮划艇
橄榄球	水橇	沙弧球
潜水	帆船	浮潜
摩托雪橇	遛狗	雪鞋漫步
垒球	蹦床	冲浪
摔跤	速滑	

还有其他对你有帮助的体育活动吗？将其写在下面或你的日记里。

下面是一些其他活动的部分清单，标记出吸引你的活动：

阅读	家庭聚会	看电影
电脑游戏	拼图	画画
听音乐	招待朋友	购物
旅行	休息/小憩	社交
缝纫	乒乓球	编织
桌球	海滩活动	外出吃饭
玩乐器	家务	制作手账
制作工艺品	写日记	观看体育比赛
摄影	玩扑克牌	烹饪/烘焙

研究汽车 　　　　　　写作 　　　　　　照看小动物

你还有其他爱好可以帮助你应对痛苦吗？在这里或者你的日记本上写下来。

在你苦苦挣扎时，很容易陷入自己的经历中，而忘了其他人其实也和你一样。研究表明，当我们走出自己的处境，将注意力集中在帮助他人上时，会感觉更好。为此，我们提出了一些志愿服务工作的建议，标记出对你有吸引力的志愿活动：

环保组织活动	献血	赈灾活动
公园户外活动	博物馆志愿服务	福利院志愿活动
乡村学校支教	扫盲计划	疗养院志愿服务
图书馆志愿服务	社区服务	志愿者培训
残奥会志愿服务	动物保护协会或动物救助项目	
关爱儿童的公益组织活动		

试试这样做！

确定你想从事的活动（体育活动、志愿活动和其他活动）。你可以添加额外的活动，或者删除不喜欢的活动，记录在日记上。此外，你也可以在手机的备忘录上写下来，以便随时随地查询。在尝试这些活动时，记录那些让人感觉最好的活动项目。

在选择让自己分散注意力的活动时，你应当将时间因素也纳入考虑中，时间充裕的时候，可以选择对自己帮助最大的活动，但时间相对紧迫时，就要找到最高效的活动。

> 以下是我选择的分散注意力的活动：深呼吸10次、出去呼吸新鲜空气、打电话给父母或朋友、打扫房间、听播客、看书、锻炼（如果时间不多，我会做一些能使心率上升的小活动，比如跳跃等）、喝杯凉水。
>
> 凯莉

● **愉快的记忆**

当我们感到糟糕和痛苦时，往往会忽视自己体验过的美好事物。回忆这些可以提醒我们，这段糟糕的时期只是暂时的。在《青少年霸凌工作手册》（*The Bullying Workbook for Teens*）（罗曼和泰勒，2013年）中，作者建议制作一个"紧急求救箱"——这个箱子里装的是能让你想起快乐和有趣回忆的东西，你可以添加喜欢的物品，如纪念品、照片、卡片和信件，来帮助你想起那些时光。不在家的时候随身带一个盒子是很不现实的，所以我们有一些替代的建议。你可以给那些能让你回忆起美好时光的物品拍照，整合到手机相册里，以便随时能够看到；还可以让自己爱的人在你手机上录一段语音，当需要提醒自己并不孤单时，你可以放出来听一听；也可以在你的空间（卧室或宿舍）里创建一个区域，把所有你爱的人的照片都放在那里。

> 我的"紧急求救箱"里有朋友和家人的信件、卡片的迷你收藏夹，我可以通过翻阅它们来提醒自己是被爱和被支持的。我坐在房间里写这本书时，正在看着那一沓卡片——最上面的那些是我上次生日的记录。这些时刻为我提供慰藉，即使我在"此时此地"可能并不开心。在家里，我在房门的后面贴了一张海报，上面有照片、卡片和其他纪念品，比如音乐会和体育比赛门票，让我能够想起很多美好时光，它们给了我对美好未来的希望！
>
> 凯莉

写在最后

在这一章中,你对自己的情绪,以及为什么需要接受那些"不好的"情绪,还有如何接受它们,有了进一步的了解。消极观念被触发时,我们会被痛苦的情绪淹没,感到无法忍受。我们对这种痛苦做出反应只会带来更多痛苦,但如果我们意识到自身的经历并参与一些活动,就能够获得度过情绪失控所需的时间,并避免这种痛苦。如果能够更清楚地评估情况,就可以做出符合自己的价值观的选择。现在你已经对消极观念以及它与自己想法和情绪的关系有了更好的理解。在下一章中,我们将详细探讨行为反应和沟通技巧。

CHAPTER 7 有益的行为和沟通

在第 2 章中，我们一起认识了触发消极观念的因素。你所处的环境触发了自己的无价值感、缺陷感或失败感，这种情况下你的行为很可能是自己思想和情感的一种表达。尤其是当你还没有意识到这是自己努力摆脱不好的感受的一种冲动时，这一点更加明显。

下意识的应对行为可以暂时缓解负面想法、不舒服的情绪和感觉，但暂时的缓解消退后，很可能还会体验到之前的感受，甚至更糟。正如之前所说，我们的行为是为了自我保护，紧密地与生存本能联系在一起。当消极观念被触发时，你会以战斗、逃跑或僵在原地的模式做出反应。这种反应对我们的祖先来说非常有用，因为这事关他们的生存，但对现代大多数人来说，这种反应是不必要的，因为这种本能反应在多数情况下也不再有用。

现代人也会面临一些需要做出瞬时反应来挽救生命的时刻，例如闪避迎面撞来的汽车，但更多情况下，你面临的触发情况只是会让你感觉到有生命危险。

当处于一种会让自己觉得那些自认为缺陷或不足的部分有暴露风险的情况时，所做出的反应就好像是面对存亡之际时的反应一样，这是有道理的。在本章中，我们将帮助你更深入地理解自己的反应，将行为与第 3 章中确定的价值观联系起来，并转换你的视角，使你对触发消极情绪的事件的应对更加灵活。最终，我们希望帮助你了解与价值观相符的有益行为反应。这种行为的转变并不能消除在不完美的世界中做一个不完美的人所带来的痛苦，因为这是客观存在的，但它会防止你在做出无益的行为时所增加的额外痛苦。

当我对一项重大的任务感到有压力或不知所措时，无论是学校课程的大作业还是一次朋友间艰难的交谈，我经常会找借口来推迟行动，比如我要先做其他事情，等等，这主要是因为自己的害怕。作为应对，我发现自己将时间花费在不那么紧急的项目上——而实际上应该将时间用于完成那项任务。

这种时刻我会开始阅读书籍，或是去把去年夏天家庭度假的照片打印出来，添加到照片墙上。我知道自己在逃避真正必须要去做的事情，但还是这样做了，因为它分散了我的压力和注意力。而且，虽然不是现在，这些事也是我必须要去做的，不是吗？我的效率很高，对吧？呃……最终，这种行为会适得其反。我赶在最后一刻完成了重大任务，因为没有给自己留出尽可能多的时间，我感到非常沮丧，因为我知道我没能达到应有的水平。

凯莉

你会发现，对一个情况的无益反应会强化你觉得自己不值得、有缺陷、不完美或失败的感觉，长远来看，你会觉得更糟。

试试这样做！

识别反复出现的触发你消极情绪的情况，以及与之相关的想法或观念、情绪和感觉，还有行为反应。现在，记录下冲动行为带来的后果。当你意识到这些后果时，你能发现这些行为是如何通过强化消极观念而导致更多痛苦的吗？

你能想象在你被触发消极情绪和做出冲动行为之间留出足够时间能够做出的不同选择吗？

> 以下是我根据自己的经历所写的内容。
>
> 触发情境：学校课程大作业
>
> 想法或观念：这太难了，我不够聪明，做不到自己希望的那么好
>
> 情绪：忧心忡忡、紧张不安
>
> 身体感觉：胃部不适、坐立不安，夜间难以入睡
>
> 行为反应：忽略大作业，把注意力转移到其他事情上

> 结果：最终压力更大了，做得不如预想的那么好——就像我最初担心的那样
>
> 凯莉

我们要强调一个重要的事实：你有其他的选择，你可以做出不同的选择，你不需要总是默认自己的行为和生存模式。

虽然这种转变听起来很简单，但做起来并不容易。生存行为之所以简单，是因为那是被触发消极情绪后下意识的行为，是未经思考的。选择价值驱动的行为反应需要有意识地去做，也许还会运用到"正念"之类的方法（正如我们在第 5 章中所讨论的）——专注于当下，这恰好与生存行为相反。然而，随着时间的推移，你的价值驱动行为也将变得更加自发，但在此之前，你需要确定非常具体的有益的行为反应。

试试这样做！

从前面的练习中选择触发消极情绪的情境和随之做出的行为反应，想想在那种情况下，价值驱动的行为反应会是什么，这种反应的潜在好处是什么？

现在，你能发现如果向价值驱动行为的方式转变，自己的感觉会有

什么不同吗？

你能比较这两种情况下自己的感受和他人的反应有什么不同吗？

> 我的答案：
>
> 下意识行为：忽略大作业，把注意力转移到其他事情上
>
> 对自己的感觉：我不够聪明来完成这个作业
>
> 来自他人的反应：她好像并不在意这件事
>
> 价值驱动的行为反应：将注意力集中在大作业上，努力完成
>
> 对自己的感觉：我很成功，很自豪
>
> 来自他人的反应：她是个很努力的人
>
> 　　　　　　　　　　　　　　　　　　凯莉

你看到做出新选择的好处了吗？

在做出有益选择时，另一个重要方面是选择一种能够建立和加强与他人关系的沟通方式。接下来让我们详细探讨一下沟通的话题。

你的沟通方式说明了什么？

当你对消极观念做出反应时，你的沟通方式很可能存在这样或那样

的问题——可能很具有攻击性，或过于羞怯含蓄，或者不够清晰有效。你可能很难表达清楚自己的感受，或者在一时冲动下做出愤怒的回应；因为加上了消极观念这层滤镜，你还会很容易地误解别人说的话，特别是在被触发消极情绪的时候。

我们谈到了我们的想法以及改变我们与我们的想法之间关系的必要性。现在你已经知道，当我们执着于某些想法时，它们往往会证实乃至强化消极观念。来自其他人的陈述也是如此，我们很容易对某个词或说法钻牛角尖，并通过消极的滤镜审视它们，这通常会阻碍我们全面地接受信息，因为我们执着的那部分内容已经让自己更加确信消极观念以及相关预测的正确性。

为了成为一个更好的倾听者，你必须不加评价和判断地去观察。当消极情绪被触发时，你会被消极的想法和情绪淹没——处于"失明"状态，很可能会被那些消极观念和相关的评价所吸引。当这种情况发生时，你不再能够灵活地思考——你采取了默认的固定想法和行为，并强化了自己的消极观念。你可能在没有仔细观察的情况下就草率地下结论，可能会不自知地给别人留下挑剔、固执、爱评判和对人设防的印象。客观地感知自己的体验（像第 2 章中一样），扮演一个调查记者的角色，可以帮助你进行有益的沟通，因为这意味着你很好奇，想在得出结论或给出回应之前了解更多。

很多消极观念一直在你意识不到的情况下运作，并以你意识不到的方式驱动你的行为和与他人的沟通。当你被触发消极情绪，并伴随有强烈的反应冲动时，尝试意识到这种强烈的冲动，并将其作为你需要慢下来、审视目前情况的标志。

确认偏差是良好沟通的主要障碍，这是一种只看到支持你的信念和想法的倾向。当你的负面情绪被触发时，你的大脑会走上根据经验预测结果的捷径，没有任何空间留给那些可以反驳消极观念的信息。我们的这种消极的偏见其实是一种保护性措施。在负面情绪被触发时，可以保护我们免受伤害。但同时，在倾听和沟通的过程中，它可能会产生一些问题。

● 倾听技巧

做一个良好的倾听者对于良性沟通至关重要，对于建立有意义和持久的关系也很重要。在介绍积极的倾听技巧之前，让我们先来看看成为积极倾听者面对的障碍。

倾听障碍

众所周知，在日常生活中我们经常分心，这些干扰会阻止我们进行更好的沟通。即使是最好的情况下，当我们面对诸多干扰时，也很难成为一个好的倾听者，再加上消极观念被触发的情况，这就变得更不可能了。无论有没有意识到，我们都会面临很多的倾听障碍，这是一种习惯性行为，它妨碍了我们与他人更深入地联系。

倾听障碍的类型

现在，让我们来了解一些会妨碍我们与他人交流的倾听障碍。下面列出了一些最常见的倾听障碍，特别是在被触发消极情绪的情况下，如果没有很好地聚焦当下，就会阻碍我们理解其他人试图传达的信息，并限制自己有效沟通的能力。这些障碍几乎总是对触发体验产生自动反应。请看看哪些和你有关。

比较 你没有在倾听，因为你的注意力集中在拿自己与他人和（或）其他情况进行比较上。

读心术 你专注于弄清楚他人的"真实"想法和感觉，而不是完全地倾听，尤其是在消极观念被触发的时候，因为你试图根据过去的经历来预测你们沟通的结果。

预演 你正忙着给自己一会儿要说的话打腹稿，而不是认真倾听。

过滤 当你听到令自己感到不愉快或可能触发你的消极情绪的话语或主题时，就会开始走神并停止倾听。

判断 你不是在听别人说话，而是试着去判断他/她会说什么，这在可能导致触发消极情绪的交谈中尤其常见。

争辩 你很快就会提出异议，或出现分歧。

保持正确 你的首要目标是不要被认为有错。

跑题 你改变话题，使得谈话中断，这可能是你的一种"求助"策略，用于避免暴露自己的某个缺点。

安慰 你过分专注于表现出友善和支持（这一招经常用来避免批评），这也不是真正的倾听。

> **试试这样做！**

克服倾听障碍的第一步是识别它们，并将其与领域、人和情况联系起来。在日记中写下这些内容，尽可能具体和详细。

> 在家庭中，我经常受困于"读心术"倾听障碍，因为我了解每个家庭成员，所以经常觉得，在他们开口之前，自己就已经知道他们会说什么了，特别是在争吵的时候。比如，在妈妈开口前，我就说："是的，妈妈，我知道你想让我整理自己的床铺，然后再去洗衣服。"因为我怕她批评我。通常，这会导致对方感到沮丧，与保持开放的心态去倾听相比，这种自以为是的预测往往会使互动变得更糟。
>
> ——凯莉

你能发现消极观念是如何阻碍健康沟通——特别是真正倾听他人意见的吗？如果我们没意识到这些障碍，就会陷入一种可能会强化消极观念的沟通模式中。

● **表达自我**

沟通的另一个关键方面是表达自我。也许你还没有学会如何有效地表达自己的需求，或者因为发现通过行动更容易引起他人的关注，就放弃了表达个人需求的想法。如果你觉得自己有缺陷、没有价值或不够优秀，很可能在某一时刻会得出自己的需求不值得被满足的结论。你可能担心他人会批评或取笑自己的需求，或者担心别人的需求比你的更加重要。

确定自己的需求和感受可能很困难，它们很可怕，因为会让我们感到脆弱，随之会带来失望、悲伤、孤独、沮丧、愤怒和渴望等情绪。向别人隐藏一部分来保护自己，可能会分散你对自己需求的感知，尝试去发掘需求可能会引发不舒服的感觉。

负面情绪在被触发时会变得势不可当，以至于我们很难确定自己的感受和需求。换句话说，你可能会大发雷霆，但一旦情绪"失明"过去，就会意识到自己实际上是在感到悲伤。悲伤比愤怒更容易使人感到脆弱，还记得上一章中的卡丽吗？她想念安东尼娅，但她并没有说自己需要花更多的时间和安东尼娅在一起，而是对她劈头盖脸一顿数落，在情绪"失明"之后，她才能够确定自己的真实感受和需求。

试试这样做！

花一些时间回顾你已经完成的练习。你能发现自己没有表达出来的需求吗？你能意识到隐藏自己的缺陷时你的需求也被隐藏了吗？你能确定在什么情况下可能更难以表达自己的需求吗？把这些写到日记里。

> 这就是我正在努力的事情，但表达自己的需求始终还是一个挑战。例如，有时在学校，我希望有一些独处的时间来放松，在上课、俱乐部活动和与朋友的社交时间之间喘口气。（有时我比别人更需要它！）向想和我出去玩或一起做些什么的朋友解释我需要自己的时间是很困难的，但当我忽略自己的这个需求时，我觉得乐趣变少了，而且越来越心累。
>
> 凯莉

试试这样做！

当你处理消极观念时，你会不断受到自己无法控制的消极想法的轰炸。你已经学会了通过正念来与这些想法保持距离，体会到了不执着于它们的重要性。但是，当批判性的评论来自他人时，会发生什么呢？你该如何接受他们的批评？你是怎么处理的？你会做出怎样的反应？

> 在我小时候，我真的很难处理来自他人的批评，我没有想过批评可能是出于好意，只是认为，当有人批评自己时，就是因为对你不满意或不喜欢你的某个方面。现在我知道这不是真的，我努力以更开放的心态接受批评，尤其是那些来自关心我、为我着想的人的批评。
>
> 凯莉

试试这样做！

花点时间写下你在被批评时习惯性的、本能的反应。你是反击、自我防御、安慰、改变话题、退缩、封闭自我、自我批评，还是立即道歉，认为这样做自己就不用再听到更多批评了？在每个领域探索自己的答案。

很可能你花了相当多的时间来回应来自他人真实的或你认为的批评，这阻止了你识别自己的需求和学习如何将它表达出来。也许你以前曾试图表达自己的需求，却感觉它并不像其他人的那么重要。这可能是在你与一般人交往过程中的经历，也可能只发生在某个特定的人身上。在过去，你的请求可能遭受了反对或评判。

或许你从来没有练习过表达自己的需求，你可能觉得自己需要一个理由来说服自己，你的需求也该被满足；很可能你一直否认自己的需求来取悦他人，获得认可，或避免让他人失望并承受后果。你可能会觉得在人际关系中，自己的需求得不到满足，大部分时间都花在满足别人的需求上。

想想最近的一次，你的需求没有得到满足，或者请求没有得到回应的情景。写下你记得的细节。

你能明白为什么认识到自己的需求并在适当的时候表达出来是很重要的了吗？当消极情绪被触发时，我们就没有聚焦于当下，你会发现自己想要的东西与过去的经历或对未来的恐惧有关，在表达需求方面，这往往意味着我们提出的请求实际上并不符合目前的情况，这些需求与过去从未表达过的某种需要纠缠在一起。通常，最终这些需求被表达出来的时候，它会传递出似乎与当下格格不入的负面情绪，这是可以理解的，每个人都会遇到这种情况。当你意识到过去未表达的需求仍然影响着现在的你时，要尝试进行自我关怀。

● 积极倾听

消极观念使我们对可能表现出自己存在问题的信息十分敏感。我们很可能会在沟通的过程中产生误解，或者认为对方在说我们的坏话，但我们却不去澄清。这可以发生在面对面的交流中，但更多还是在短信上，因为这些是很简短的交流，你看不到对方的肢体语言，也听不出语气，这确实是一个容易产生误解的陷阱。积极倾听可以帮助我们消除这些误解，最好通过电话或面对面使用这三个步骤。

步骤 1：转述

转述就是把别人说过的话再说一遍。特别是当你在谈论一些会触发消极观念的事情时，你要通过转述来明确一下对方的真实意图，这很有可能会立刻消除误解。它可以消除被消极观念扭曲的误解，从而使沟通更加清晰。

示例："如果我没理解错的话，你是在说……"

步骤 2：澄清

澄清是阐述的延伸，主要就是不断地提出问题，直到你清楚地理解了对方想向你传达的内容。

这个步骤可以让你获得更多的信息，来填补对方话语中不明确的细节，也可以帮助你更好地了解某人的情绪。当我们产生消极观念时，如果有人表现得很沮丧，我们可能会认为自己做错了什么。

示例："你看起来有点不安，是我说了或做了什么吗？"

步骤 3：反馈

最后一步是把从谈话中获得的信息，以非评判性的方式进行反馈，谈谈自己的想法和感受，这是很好的分享的机会。你之前可能只是理解了对方传达的信息，但并不清楚他/她的感受，这能让你与他人建立更深入的联系。

示例:"我理解你说的东西了,但你能再和我说说你的感受吗?"

给予反馈对对方也会很有帮助,因为对方可以更好地了解你们有没有在进行有效的沟通,并迅速纠正误解或排除歧义。重要的是,在谈话的时候提供反馈,这是坦诚(友善和具有同理心)和支持对方的体现。

写在最后

采取包括良性沟通在内的有益行为,可能非常具有挑战性。理解符合自己价值观的行为和沟通所带来的好处,是一种巨大的动力来源。当你倾听他人和表达自己时没有被消极观念所束缚,你将能够更深入地与每个人建立联系。这些联系将改善你和他人的生活,使你越来越理解自己,相信自己是优秀的,就像现在这样!

CHAPTER 8
我该如何保持在正轨上？

现在你已经差不多读完了整本书，我们希望你能够更好地识别自己的消极观念，认识到它们如何影响你的行为，以及我们可以采取什么措施来消除这些观念，最后过上快乐的、符合价值意向的生活。这当然不像听起来那样简单，就像我们之前提到的，每个人都在挣扎，但每个人也都在努力克服自己的困难。

我们希望，如果你发现自己在这方面需要支持，可以翻到最后一章，将这一章作为本书的工具索引。在这里，你可以参考任意的章节、主题和关键练习，来唤醒对本书中所提到的方法的记忆，并继续追寻自己的目标。

章节回顾

在第 1 章 "我真的了解自己吗？" 中，我们让你意识到对自己的看法，以及这些看法是如何形成的。想想那些青少年分享的故事，那些他们觉得需要隐藏的部分。当你在写自己的故事时，你觉得自己隐藏了哪些部分？现在还这样想吗？生活中的哪个领域这种感觉特别明显？

我们希望你能够不断感知自己的想法，而不是被困在故事中。这些想法可能会阻碍你与他人建立真实的联系。我们希望你关注那些使你产生消极观念的领域，并可以更好地理解信念和行为之间的联系。如果你成功地摒弃了消极观念所导致的行为方式，那么你就能够意识到过去自动化行为所引发的冲动。

在第 2 章"我为什么会这样做？"中，我们解释了负面的想法和情绪是如何被特定情境触发进而导致消极行为的。你确定了触发消极情绪的事件、人和情境，面对这样的经历，你经常会做出在短期内让自己感觉更好的行为，但从长远来看，这是无益甚至有害的，这些为了让自己感觉更好的行为可能会最终让自己的感觉更糟。

重要的是要记住，你有能力选择如何去应对。这里需要提醒一下，可以回顾"触发的行为和体验"一节，我们列出了你可能认同的行为和体验，再读一遍，你可能会想到更多。正如我们所说，意识到自己的行为和体验，是做出不同选择的第一步，这些选择将提升自我价值感，使你更接近自己想要的生活。我们可以使用树状图，写下一个触发事件或情况，画两个箭头——一个代表你之前的下意识行为，一个代表符合价值观的行为，再在每个行为下面画箭头，写上各自的后果。看到这些时，你会重新审视自己的选择。

在第 3 章 "弄清楚什么对自己更重要"中，我们讨论了价值观，以及基于价值观的行为将如何帮助你做出改变。当你根据价值观行事时，你会感觉更好，因为这些是你的价值取向。按照价值观采取行动并不容易，首先要弄清楚自己的价值观到底是什么，我们建议你保留一份价值观和价值取向的清单，它能提醒你自己真正关心的是什么，以及该如何在日常生活中优先考虑自己所关心的事情。在每周开始的时候，我们建议你提醒自己你的价值观是什么，因为它与那些颇具挑战性的领域相关；在每周结束时，你可以回顾一下清单，看看自己做得如何。记住，你的目标是进步，而不是完美！

在第 4 章"与自我和他人联结"中，我们解释了自我关怀的重要性。正如此前所说，自我关怀会提升你的自我价值感，随着时间的推移，这种自我价值感将持续并趋于稳定，因为你对自己足够好，对自己的评判很公平。如果你对自我关怀感到困惑，试试这样：回到慈心冥想中，特别关注自己和自己的痛苦。如果你的难处是害怕失败，那么激励性短语可以是"让我免于恐惧"。经常这样做，并赶走你内心中的批评者。

在第 5 章"正念与猴子思维"中，我们讨论了正念和思维模式。正念是帮助你实现自我接纳的绝佳工具，通过正念的练习，可以避免陷入对过去的遗憾或对未来的恐惧、担忧之中，没有这些干扰，你就能更好地意识到生活中值得感激的事情。我们一起回忆一下，回到第 5 章，找到我们的正念专注练习，这个练习是关注你当下状况的一个步骤——不要让消极观念扭曲你的想法。这能帮助你给自己的想法和感受留出足够的时间，并在尚未做出反应的空当中发现它原来的样子。

在第 6 章 "我与风暴中的情绪" 中，你能更好地了解了自己的情绪，以及为什么我们需要接受那些我们认为 "不好" 的情绪，以及如何接受它们（还记得《头脑特工队》吗？）。你得知了体验情绪对于度过困难时期的重要性，如果正在经历情绪 "失明"，或者需要一些帮助来管理自己的情绪，那么再看看关于分散注意力的活动。我们列出了几份清单，其中的一些建议能让你从痛苦中休息一下，找到更清晰的视角，进而寻求应对方法。我们建议你在新的一周开始前看看那份清单，找出可能引发你不舒服情绪的情况或事件。对于每一种情况或每一个事件，选择一种对应的分散注意力的活动，帮助你度过情绪风暴。做好准备总是有帮助的。

最后，在第 7 章 "有益的行为和沟通" 中，我们让你意识到了无益的行为模式，并通过与价值观相联系，为你提供了应对触发消极情绪的情境的方法。本章强调了沟通的重要性——这是拼图的重要一块。我们怎样才能做出让生活更美好的选择呢？需要做出符合你的价值取向的决定。需要帮助的话，可以回顾一下比较自动化行为反应和价值驱动反应的练习。

这将帮助你认识到做出改变行动的选择是多么有帮助！

此外，请看我们在第 7 章中讨论的沟通技巧。在与他人交流时，我们都面临挑战，尤其是当我们在触发消极情绪的情境中时。你需要提高哪些能力？我们发现，人们一旦被触发消极情绪就很可能停止倾听，所以从专注于倾听他人开始，尝试厘清以便理解全部信息，而不仅仅是信息中可能证实自己消极观念的部分。

写在最后——最后一次

最重要的是，你要记住，在自我接纳的旅程中，意识到你很优秀，你已经足够出色，只需做回真实的自己，并需要付出许多努力，不可能是阅读一遍本书就可以做到的。然而，如果你致力于过上充实、有价值的生活，那么付出努力，你就能实现它。请记住——你并不孤单！

参考文献

Lohmann, R., and J. Taylor. 2013. The Bullying Workbook for Teens. Oakland, CA: New Harbinger.

McKay, M., M. Skeen, P. Fanning, and K. Skeen. 2016. Communication Skills for Teens. Oakland, CA: New Harbinger.

McKay, M., J. Wood, and J. Brantley. 2007. The Dialectical Behavior Therapy Skills Workbook. Oakland, CA: New Harbinger.

Paterson, R. 2016. How to Be Miserable. Oakland, CA: New Harbinger.

Salzberg, S. 2002. Loving–Kindness: The Revolutionary Art of Happiness. Boulder, CO: Shambhala.